Uwe Hartmann

Hybrider Krieg als neue Bedrohung von Freiheit und Frieden

Zur Relevanz der Inneren Führung in Politik, Gesellschaft und Streitkräften

Standpunkte und Orientierungen: Band 6
Herausgegeben von Uwe Hartmann

Hybrider Krieg als neue Bedrohung von Freiheit und Frieden

Zur Relevanz der Inneren Führung in Politik, Gesellschaft und Streitkräften

Uwe Hartmann

2015

Carola Hartmann Miles-Verlag

CIP-Kurztitelaufnahme der Deutschen National-
bibliothek: Uwe Hartmann, Hybrider Krieg als
neue Bedrohung von Freiheit und Frieden. Zur
Relevanz der Inneren Führung in Politik, Gesellschaft und Streitkräften, Berlin 2015.

Carola Hartmann Miles-Verlag,
Berlin Juni 2015
ISBN 978-3-945861-04-2

© Carola Hartmann Miles-Verlag,
George-Caylay-Str. 38, 14089 Berlin
(email: Miles-Verlag@t-online.de;
www.miles-verlag.jimdo.com)

Titelbild: Miles-Verlag
Herstellung: Books on Demand, Norderstedt

Inhalt

Einleitung

Hybride Kriege sind nicht neu. Es gibt viele Beispiele für die kreative Anwendung unterschiedlichster Mittel und Wege in Kriegen und kriegsähnlichen Konflikten, um politische Ziele zu erreichen. Sie reichen weit in die Geschichte von Krieg und Frieden zurück. Während des Kalten Krieges, den viele Menschen noch in Erinnerung haben, standen Atomwaffen und Panzerarmeen im Vordergrund der öffentlichen Wahrnehmung. Hinter seinen Kulissen fand jedoch verdeckter Kampf statt – nicht nur auf sowjetischer Seite. Das historische Wissen darüber schließt nicht aus, dass man durch die Art und Weise, wie Staaten und nichtstaatliche Akteure heute und in Zukunft ihre Interessen durchsetzen, überrascht wird. Der chinesische Strategieberater Sun Tzu hatte bereits vor über 2500 Jahren die Überraschung des Gegners als wesentlichen Grundsatz für eine erfolgreiche Kriegführung herausgestellt. Es gibt also nicht viel Neues, gleichwohl sollte man sich politisch, strategisch und taktisch auf das Unerwartete einstellen. Hybride Kriege sind daher zunächst einmal eine enorme intellektuelle Herausforderung. Ihre Komplexität muss ganzheitlich verstanden werden; daraus sind zahlreiche Folgerungen für die vernetzte Sicherheit und insbesondere auch für Planung, Organisation und Einsatz von Streitkräften zu ziehen.

Die Beschäftigung mit aktuellen hybriden Bedrohungen lenkt den Blick auch auf die Führungsphilosophie der Bundeswehr, die Innere Führung. Sie ist mittlerweile über 60 Jahre alt, und manche stellen fest, dass sie den Herausforderungen von Gegenwart und Zukunft nicht mehr gewachsen ist. Dabei wurde die Innere Führung vor dem Hintergrund eines Kriegsbildes entwickelt, das der heutigen Bedrohungslage sehr ähnlich ist. Dieser Essay mündet daher in die Forderung nach einer Rückbesinnung auf den strategischen Kern der Inneren Führung. Nach der ideologiekritischen Wende im Verständnis der Inneren Führung in den 70er Jahren und ihrer pragmatischen Verengung seit den 90er Jahren muss es wieder stärker um das gehen, was in der Anfangsphase der Inneren Führung in deren Mittelpunkt stand.

Innere Führung ist kein bloßer Werkzeugkasten zur Reparatur von Defiziten in der Menschenführung und auch kein substanzloser Begriff der politischen Rhetorik, sondern eine umfassende Theorie über das Kriegsbild, aus der Folgerungen für Politik, Gesellschaft, Streitkräfte, ja letztlich für jeden einzelnen Staatsbürger mit und ohne Uniform abgeleitet werden können. Daraus erwächst eine Komplexität des Denkens und Handelns, die für die Analyse und Abwehr der heutigen Bedrohungen von Freiheit und Frieden in den westlichen Demokratien unverzichtbar ist.

I Hybrider Krieg

Die Welt scheint aus den Fugen zu geraten. Kriege, Krisen und Konflikte destabilisieren ganze Regionen und bringen selbst bewährte Friedensordnungen ins Wanken. Politiker stehen ebenso wie sicherheitspolitische Experten und militärische Berater vor dem Problem, die Komplexität der Geschehnisse zu begreifen. Nicht erst die Erarbeitung und Umsetzung von Strategien, sondern bereits die Analyse dessen, was da eigentlich passiert, bereitet enorme Schwierigkeiten. In dieser Lage verspricht ein Begriff zu helfen, der neu ist, auch wenn die Phänomene, die er beschreibt, in der Geschichte von Krieg und Frieden keine Unbekannten sind.

Ein Begriff macht Karriere

Der Begriff der hybriden Kriegführung tauchte im US-amerikanischen Strategiediskurs unmittelbar nach dem Libanon-Krieg Israels im Jahre 2006 auf.[1] Damals hatte die terroristische Organisation

---

[1] Frank G. Hoffman, Conflict in the 21st Century: The Rise of Hybrid Wars, Potomac Institute for Policy Studies, Arlington, Virginia, December 2007. Zuvor hatte bereits der damalige Kommandeur des Allied Command Transformation (ACT), General Mattis, den Begriff geprägt. Zur Geschichte des Begriffs und den Problemen seiner Definition siehe auch Matthias Wolfram, Hybrid Warfare: Konfliktform der Zukunft? In: Strategie und Technik, Nr. 53 (2010), H. 4, S. 51-52 sowie Timothy B. McCulloh, The Inadequacy of Definition and the Utility of a Theory of Hybrid Conflict:

der Hisbollah den konventionell überlegenen israelischen Streitkräften empfindliche Schläge zugefügt, wie keine arabische Armee in den Kriegen zuvor. Die Hisbollah wandte nicht nur irreguläre Kampftechniken an, sondern hatte auch moderne konventionelle Taktiken und Mittel in ihr Handlungsrepertoire eingebaut. Dazu gehörten etwa tiefgestaffelte Verteidigungsstellungen, Drohnen, Boden-Luft-Raketen und moderne Führungssysteme. Die Hisbollah zerstörte sogar ein israelisches Schiff mit einer Rakete. Ihr Handeln war damit deutlich komplexer als es die israelischen Strategen erwartet hatten.[2]

Weit über die US-amerikanische Debatte hinaus gewann der Begriff der hybriden Kriegführung breite Aufmerksamkeit durch die Vorgehensweise Russlands im Konflikt mit der Ukraine.[3] Der NATO-Oberbefehlshaber in Europa, der US-amerikanische General Philip Breedlove, nutzte

---

Is the „Hybrid Threat" New?, in Joint Special Operations University, Hybrid Warfare, JSOU Report 13-4, Florida 2013, S. 4-14.

[2] Stephen Biddle, Jeffrey A. Friedman, The 2006 Lebanon Campaign and the Future of Warfare: Implications for Army and Defense Policy, US Army War College, September 2008. Siehe dazu auch die Analysen von Petri Huovinen, Hybrid Warfare – Just a Twist of Compound Warfare? National Defence University, Department of Military History, April 2011; Timothy B. McCulloh, The Inadequacy of Definition and the Utility of a Theory of Hybrid Conflict: Is the „Hybrid Threat" New?, a.a.O., S. 19ff..

[3] Zur Analyse der russischen Absichten siehe Margarete Klein, Mit dem Kopf durch die Wand. Warum geht der Kreml in seiner Ukrainepolitik so hohe Risiken ein? Eine Analyse von Russlands Interessen und Motiven. In: ZUR SACHE BW, Ausgabe 26, 2/2014, S. 42-44.

10

ihn in seinen öffentlichen Statements. Die Medien formulierten Schlagzeilen mit diesem Begriff, der den Menschen nicht zuletzt wegen technologischer Entwicklungen im Automobilbau vertraut ist. Bundesministerin Ursula von der Leyen beschrieb hybride Kriegführung mehrfach in ihren politischen Reden. In der letzten Haushaltsdebatte im Deutschen Bundestag ordnete sie diesem Begriff folgende Aktivitäten zu: „... verdeckte Operationen und offener Einsatz von Mitteln, Einsickern von Geheimdienstpersonal, Militärpersonal ohne Hoheitsabzeichen, Desinformationen, sehr gezielte Propaganda, Schüren von sozialen Disparitäten oder Spannungen in einer bestimmten Region, massiver Aufwuchs von Truppen in Grenzregionen, auch als psychologisches Druckmittel – und das Ganze zum Teil kombiniert mit wirtschaftlichem Druck.“[4] „Fundamental neu“, so sagte sie später auf der Münchener Sicherheits-

---

[4] Rede der Bundesministerin der Verteidigung anlässlich der ersten Lesung des Haushalts 2015.
http://www.bmvg.de/portal/a/bmvg/!ut/p/c4/NYvBCsIwEET_aD-fxZL1ZCiqIBxG03tI2hJVmU9ZNvfjxJgdn4B3mMfjEUnYrBaeU2M34wH6k3fCBIa4BXilLWSES01u9UI54r5_Jw5jYa6V6VioM4jQJLEl0riaLFAM0YW9s1xpr_rHf5nI7Hs7bZtOd2isuMe5_CvAF-w!!/ (aufgerufen am 1.03.2015). Im Falle Russlands ist heute davon auszugehen, dass die Truppen nicht nur ein Bedrohungspotential aufbauen, sondern auch massiv an den Kämpfen beteiligt sind. Manche Quellen sprechen von fast 15.000 russischen Soldaten, die auf ukrainischem Territorium die Separatisten aktiv unterstützen. Siehe dazu Reuben F. Johnson, Russia's hybrid war in Ukraine ‚is working', conference concludes, in: Jane's Defence Weekly, 25 February 2015, p. 4.

11

konferenz, sei „die Kombination und die Orchestrierung dieses unerklärten Krieges, bei dem erst die Gesamtbetrachtung der einzelnen Mosaikstücke den aggressiven Charakter des Plans entlarvt."[5]

Diese Analyse ist auf Russland bezogen, was aus deutscher Sicht eine größere Bedrohung für die europäische Friedensordnung darstellt als hybride Kriege im Nahen Osten oder in anderen Regionen der Welt. Es ist jedoch wichtig zu erkennen, dass hybride Kriegführung nicht nur von Großmächten angewandt wird, die starke konventionelle Streitkräfte unterhalten. Das eingangs erwähnte Beispiel der Hisbollah im Libanon ist Beleg dafür, dass auch irreguläre Kräfte sozusagen „von unten" ihre Mittel und Wege erweitern. Gemeinsam ist staatlichen wie nichtstaatlichen Akteuren die intensive Nutzung moderner Technologien, vor allem in der digitalen Welt, im sog. Informationsraum.

---

[5] Rede der Bundesministerin der Verteidigung, Dr. Ursula von der Leyen, anlässlich der 51. Münchener Sicherheitskonferenz am 6. Februar 2015, Führung aus der Mitte
http://www.bmvg.de/portal/a/bmvg/!ut/p/c4/NYvBCsIwEET_
aDfpTW_WgngREUHrRdJmCQtNUtZtvfjxJofOwIPhMfjC0uRW
Dk45JzfhE_uR98MXhrgGiJz4oyS8RPAk722DkKeEj3r3BGNOpJ
VKSbkwiNMsMGfRqZpFpBhgj72xXWus2WJ_u_vpeLk2je3O7Q
3nGA9_o3h5fQ!!/ (aufgerufen am 23. März 2015).

Die Vorgehensweise des Islamischen Staats (IS)[6] im Nahen Osten kann ebenfalls ganzheitlich durch die Brille der hybriden Kriegführung analysiert werden. Der oberste politische Zweck, die Errichtung eines Kalifats, erforderte offensive militärische Operationen, um Raum zu nehmen und gegnerische Kräfte zu zerschlagen. Dabei konnten sie viele erbeutete Waffensysteme einsetzen. Die komplexen Angriffe der Truppen des IS sahen jedoch von Anfang an eine Vermischung von diesen Operationen mit irregulären und terroristischen Kampfweisen vor. So verübten Schläfer-Zellen im Hinterland Anschläge; IS-Führer handelten Bündnisse insbesondere mit unzufriedenen sunnitischen Bevölkerungsgruppen und Stammeskriegern im Irak aus; politisch anders ausgerichtete militante Organisationen wurden vor die Alternative gestellt, sich dem IS zu unterwerfen oder vernichtet zu werden. Rückschläge in der konventionellen Kriegführung führten zu vermehrten Anschlägen in der irakischen Hauptstadt. Flüchtlingsströme dienten dazu, die Regierungen benachbarter Länder, die in das Kalifat eingegliedert werden sollten, insbesondere Jordanien und Libanon, zu destabilisieren. Unmittelbar nach

---

6 Zur Entstehung IS und dessen Abgrenzung zu al-Qaida siehe Guido Steinberg, Der Islamische Staat im Irak und Syrien (ISIS). In: Bundeszentrale für Politische Bildung
http://www.bpb.de/politik/extremismus/islamismus/190499/der-islamische-staat-im-irak-und-syrien-isis (aufgerufen am 24. April 2015).

Eroberungen setzten Aktivitäten zum Staatsaufbau ein, um Menschen zu versorgen und gleichzeitig ihr Verhalten an enge Sharia-Vorschriften auszurichten. Die strategische Kommunikation[7] beruhte auf historischen Bezügen, welche die eschatologische Sehnsucht vieler unzufriedener Menschen nach einem umfassenden, gerechten Kalifat erfüllte und damit den Hass auf die herrschenden Regime verstärkte. Moderne Medien dienten als Transmissionsriemen für die Verbreitung von Angst und Schrecken, um die Menschen vor eine Entweder-oder-Entscheidung zu stellen. Beide Kommunikationslinien, die historisch-eschatologische sowie die brutale Einschüchterung, unterstützten die Anwerbung von möglichst einsatzerfahrenen Kämpfern aus anderen Kriegs- und Krisengebieten sowie jungen, Sinn und Orientierung suchenden Muslimen in westlichen Gesellschaften. Was für Politik und Militär in Europa längst als überwunden gilt, ist im Nahen Osten und in vielen anderen Regionen gelebte Realität: Es gibt Menschen, die Krieg wollen[8] und sich durch die Idee einer großen, vielleicht der letzten Entscheidungsschlacht begeistern lassen.[9] Der IS mag auch das strategische Kalkül verfolgen, den

---

[7] Unter strategischer Kommunikation versteht man weithin den koordinierten Einsatz von Kommunikationsaktivitäten, die strategisch relevant für die Erfüllung von Organisationszielen sind.

[8] Siehe auch Martin van Creveld, Die Zukunft des Krieges, München 1998, S. 233ff.

[9] Siehe dazu neuerdings Jürgen Todenhöfer, Inside IS – 10 Tage im >Islamischen Staat<, München 2015.

14

Westen erneut in den Sumpf eines nicht gewinnbaren Krieges hineinzuziehen und über den Kampf gegen die „christlichen Kreuzritter" weltweite Solidarisierungseffekte unter den Muslimen zu verstärken.[10] Diese Melange aus unterschiedlichsten Aktivitäten ist eine muslimische Variante des europäischen *„state making through war making"*.[11]

Hisbollah, Russland, IS – diese Beispiele aus den letzten zehn Jahren belegen anschaulich: Die traditionellen Begriffe von regulär und irregulär oder von konventionell und unkonventionell haben ihre bisherige Trennschärfe verloren.[12] Der Begriff der hybriden Kriegführung dagegen hilft, das Kriegsgeschehen ganzheitlicher zu verstehen. Er beugt verengten Vorstellungen über künftige Kriege und zu einfachen Kriegsbildern vor, weitet den Blick und macht den Weg frei für eine schöpferische Antwort auf neue Bedrohungen.

Auch der Krieg in Afghanistan kann mit Hilfe dieses Begriffs gut analysiert werden. Zunächst griffen die Taliban auf eine asymmetrische Kriegführung zurück. Sie bekämpften die konventionell stark überlegenen US-amerikanischen und ISAF-

---

[10] Siehe Stephan Rosiny, „Des Kalifen neue Kleider": Der Islamische Staat in Irak und Syrien, GIGA Focus, Nr. 6, 2014, S. 4.
[11] Tilly, Charles, „How War Made States and Vice Versa," *Center for Studies of Social Change, New School for Social Research*, 1987.
[12] Richard Johnson, Operational Approaches to Hybrid Warfare. In: Joint Special Operations University, Hybrid Warfare, JSOU Report 13-4, Florida 2013, S. 60.

Truppen vor allem mit Sprengstoffanschlägen und Selbstmordattentätern und legten Hinterhalte. Später kamen konventionelle Taktiken hinzu: Sie griffen Feldposten und Feldlager teilweise mit starker infanteristischer Überlegenheit an.[13] Parallel zu ihren militärischen Aktivitäten schüchterten sie die einheimische Bevölkerung ein und etablierten Schattenregierungen in Gebieten, in denen sie bereits die Kontrolle übernommen hatten. Besonders wirkungsvoll war ihre strategische Kommunikation, vor allem die propagandistische Ausnutzung von unbeabsichtigten Wirkungen der Operationsführung der Koalitionsstreitkräfte wie beispielsweise die Kollateralopfer bei Luftangriffen.[14]

Die NATO und ihre in Afghanistan engagierten Mitgliedsstaaten reagierten mit dem Konzept des *comprehensive approach*, um der Komplexität und Dynamik im Einsatzgebiet besser gerecht werden zu können.[15] Militärische und zivile Mittel und

---

[13] Siehe Sebastian Junger, War. Ein Jahr im Krieg, München 2012; Marco Seliger, Sterben für Kabul; Hamburg 2012; Sascha Brinkmann, Joachim Hoppe, Wolfgang Schröder (Hrsg.), Feindkontakt. Gefechtsberichte aus Afghanistan, Hamburg 2013.

[14] Zu den Kollateralschäden bzw. -opfern in Afghanistan und ihrer zunehmenden Zahl siehe UNAMA, Midyear Report 2014. Protection of Civilians in Armed Conflict, Kabul 2014. http://unama.unmissions.org/LinkClick.aspx?fileticket=m_XyrU QDKZg%3D& (aufgerufen am 4. März 2015)

[15] Weiterführende Informationen liefert Fouzieh Melanie Alamir, Vernetzte Sicherheit – Quo Vadis?, Berlin 2015, S. 14ff. Da die NATO ein Militärbündnis ist, lautet die offizielle Sprachregelung: „Beitrag der NATO zum *comprehensive approach*“. Der *comprehensive approach* ist nicht nur für die Konfliktbewältigung, sondern auch für die Krisenprävention eine wichtige konzeptionelle Grundlage.

Wege sollten stärker synchronisiert werden. Parallel dazu wurden die eigene strategische Kommunikation verbessert, die Ausbildung der afghanischen Sicherheitskräfte intensiviert und die militärische Operationsführung auf Schlüsselgebiete, in denen militärische Überlegenheit hergestellt werden konnte, konzentriert.[16] Ein besonders wirkungsvolles Element dieses ganzheitlichen Ansatzes der Koalitionstruppen in Afghanistan war die militärische Unterstützung des *„Afghan Peace and Reconciliation Program"* (APRP) des damaligen Präsident Karsai, mit dem in manchen Regionen Afghanistans sehr erfolgreich Insurgenten in ihre angestammten Dorfgemeinschaften „reintegriert", d.h. ohne Kampf vom Schlachtfeld geholt werden konnten.[17]

Innovationen in der militärischen Operationsführung waren beispielsweise die operative Strategie der Aufstandsbekämpfung (COIN) sowie, als ein taktisches Element dieser Strategie, die *Village Stability Operations* der US-amerikanischen Spezialkräfte[18]. Deren Aufgabe war es, die öffentliche

---

[16] Siehe dazu die Beiträge in Uwe Hartmann (Hrsg.), Lernen von Afghanistan, Berlin 2015.

[17] Siehe dazu Uwe Hartmann, War without Fighting?, Berlin 2014. Hartmann stellt die politische Dimension des Versöhnungs- und Reintegrationsprogramms der afghanischen Regierung dar und grenzt sie von Reintegration innerhalb der COIN-Doktrin ab.

[18] Hierbei handelte es sich um eine Abbildung der großen, auf Sicherheit, Entwicklung und guter Regierungsführung zielenden Operation in kleinen lokalen Strukturen durch Spezialkräfte, die vor Ort blieben. Zu diesem Programm gehörte auch die Aufstellung von lokalen Polizeikräften (*Afghan Local Police*; ALP). Siehe

Verwaltung und wirtschaftliche Entwicklung in Dorfgemeinschaften zu fördern und gleichzeitig lokale Sicherheitskräfte auszubilden, welche die Menschen gegen Angriffe und Repressionen der Aufständischen beschützten.

Auf der politischen Ebene wurden u.a. die Zusammenarbeit mit Pakistan zur Bekämpfung der *safe haven* für die Taliban-Führung intensiviert sowie die Finanzierungswege der Aufständischen analysiert und, wo möglich, unterbrochen.[19] Verhandlungen mit den Taliban wurden zwar offiziell von der US-amerikanischen Seite abgelehnt, gleichwohl die Fühler ausgestreckt und die afghanische Regierung ermuntert, Verhandlungen aufzunehmen.[20]

Auch die Kriegführung des Westens ist also in gewisser Weise „hybrid". Wodurch unterscheidet sich dann die hybride Kriegführung von Russland, Hisbollah und IS mit dem Vorgehen des Westens?

Das Wesen hybrider Kriegführung
Hybride Kriegführung zeichnet sich zunächst einmal durch die kreative, den Gegner überraschende Kombination unterschiedlichster Mittel und Wege aus. Streitkräfte sind ein Werkzeug ne-

---

Linda Robinson, *One Hundred Victories. Special Ops and the Future of American Warfare*, New York (Public Affairs): 2013.
[19] Siehe Bob Woodward, Obama's Wars, New York/London/Toronto/Sydney (Simon&Schuster): 2010.
[20] Hartmann, War without Fighting?, a.a.O., S. 35-39.

18

ben vielen anderen. Sie können im Vordergrund einer aggressiven Außenpolitik stehen, müssen es aber nicht.

Hybride Kriegführung zielt nicht vorrangig auf die Zerschlagung gegnerischer Streitkräfte, sondern auf die Destabilisierung staatlicher Strukturen und gesellschaftlicher Institutionen sowie die Schwächung des nationalen Zusammenhalts in einem Land. Dazu eignen sich vor allem Propaganda, Unruhen, Aufstände und schließlich Bürgerkriege. Es geht also darum, bestehende Konflikte zu verschärfen und innere Frontlinien zu vertiefen, um die Gestaltungsfähigkeit von Politik und Gesellschaft zu überfordern. Hybride Kriegführung stellt den *comprehensive approach* der westlichen Staatengemeinschaft gewissermaßen auf den Kopf: Während ISAF in Afghanistan versuchte, den Aufbau von Staat und Gesellschaft zu schützen und, wo immer möglich, zu beschleunigen, verfolgt die hybride Kriegführung die Erosion von Staatlichkeit durch Instabilität der politischen, sozialen und wirtschaftlichen Lage sowie durch De-Legitimation von Regierung und Eliten. Dabei scheint die Zerstörung von Staatlichkeit insgesamt leichter zu sein als ihr Aufbau.

Neben Staaten können auch Bündnisse oder Gemeinschaften Ziel hybrider Kriegführung sein. Hier geht es darum, den Zusammenhalt und damit die Handlungsfähigkeit eines Bündnisses zu schwächen. Bei Militärbündnissen wie der NATO sind dazu nicht einmal militärische Mittel erforderlich. Bestehende politisch-ökonomische Konflikte zwischen ihren Mitgliedsstaaten können so genutzt werden, dass sie sich zerstörerisch oder zumindest lähmend auch auf die militärische Zusammenarbeit auswirken.

Hybrid agierende Staaten und sonstige Akteure werden die Wirkungen dieser Mittel auf das jeweilige „Angriffsziel" fokussieren, dabei allerdings global orchestrieren. Welche Mittel wie, wann, wo und wie lange eingesetzt werden, wird wesentlich durch die verfolgten politischen Zwecke sowie die Beurteilung der Möglichkeiten für eine forcierte Erosion von Staat, Wirtschaft und Gesellschaft im Zielgebiet beeinflusst. Daraus folgt, dass hybride Kriegführung nicht nur aufgrund der unzähligen Möglichkeiten einer kreativen Kombination von Zwecken, Mitteln und Wegen immer anders sein kann. Variabilität kommt auch dadurch zustande, *wie* ein Staat oder ein nichtstaatlicher Akteur, der hybrid agieren will, Politik, Gesellschaft und Militär in dem jeweiligen Zielgebiet beurteilt.

Das konkrete Erscheinungsbild hybrider Kriegführung wird zudem von der „strategischen Kultur" beeinflusst. Damit ist nicht nur die für das Land oder die Organisation typische Weise der Kriegführung gemeint, sondern alle Interaktionen innerhalb der Trinität von Politik, Gesellschaft und Militär.[21]

Die Analyse der hybriden Kriegführung eines potentiellen Gegners ist daher alles andere als trivial. Sie setzt eine Auseinandersetzung mit den eigenen Defiziten und Brüchen in Staat und Gesellschaft voraus. Denn diese wird ein potentieller Gegner in sein Kalkül einbeziehen; dort wird er seine Angriffe mit hoher Wahrscheinlichkeit ansetzen.

Zunächst war die Auffassung verbreitet, dass der Westen, insbesondere die NATO als Militärbündnis, keine Antwort auf diese neue Herausforderung habe. Dieser Vorwurf verwundert, da das Konzept des *comprehensive approach* einen vergleichbaren strategischen Denkansatz darstellt. Die ressortübergreifende Zusammenarbeit (*whole-of-government*) beruht auf der vor allem in Afghanistan gewonnenen Erkenntnis, dass militärische Mittel bei weitem nicht hinreichen, um einen Konflikt zu lösen oder eine Krise nachhaltig zu meistern. Auch dieses Konzept zielt auf die effiziente Koordination und Synchronisation möglichst vieler verfügbarer Mittel. Allerdings bestehen – neben der unterschiedlichen Zielsetzung: Aufbau vs.

---

[21] Zur Trinität bei Clausewitz siehe Hew Strachan; *The Direction of War*, New York (Cambridge University Press) 2013. Siehe auch Hartmann, War without Fighting?, a.a.O., S. 58-63. Im Hinblick auf hybride Kriegführung siehe dazu auch Timothy B. McCulloh, The Inadequacy of Definition and the Utility of a Theory of Hybrid Conflict: Is the „Hybrid Threat" New?, a.a.O., S. 21ff.

Zerstörung von Staatlichkeit – gravierende Unterschiede zur hybriden Kriegführung, wie sie von Russland, den Taliban oder dem IS praktiziert wird. In demokratischen Staaten darf der Zweck nicht die Mittel heiligen. Die Einhaltung der Gesetze des Humanitären Völkerrechts bleibt ein hohes Gut, selbst dann, wenn Gegner sich nicht daran halten. Strategische Kommunikation ist an Wahrheit gebunden. Das, was gesagt wird, sollte wahr sein, sonst verlieren Regierungen und Bündnisse schnell ihre Legitimation oder die Unterstützung der Menschen für ihre Außen- und Sicherheitspolitik. Andererseits verfügen die USA und ihre Verbündeten über enorme Handlungsmöglichkeiten im wirtschaftlichen, vor allem im finanzpolitischen Bereich. Gleichwohl ist es insbesondere für ein Militärbündnis wie die NATO schwer, auf eine zentral orchestrierte gegnerische hybride Kriegführung rechtzeitig und umfassend zu reagieren.

So ist es beispielsweise für Demokratien nicht einfach, sich gegen die Propaganda ihrer Gegner zu wehren. „Demokraturen" wie Putins Russland, Terrorregime wie der Islamische Staat oder Netzwerke wie die Taliban haben die Möglichkeit, kritische Medien weitgehend aus- oder gleichzuschalten, Aktionen langfristig vorzubereiten und dann schnell auch im Informationsraum zu agieren. Sie haben weniger mit innenpolitischen Konflikten und Widerständen zu rechnen, selbst wenn sie gegen das internationale Völkerrecht verstoßen.

Oftmals unterdrücken sie oppositionelle Kräfte. Die IS setzt den offensichtlichen Bruch mit westlichen Vorstellungen von Menschenrechten sogar als ein Mittel ein, um die Bevölkerungen einzuschüchtern und junge Kämpfer anzuwerben, aber auch, um Gegenmaßnahmen von fragilen Staaten zu provozieren, die zu innenpolitischen Auseinandersetzungen führen und deren Regierungen weiter schwächen können.

Andererseits dürfen die westlichen Demokratien darauf vertrauen, dass Völkerrecht und Moral nicht nur wichtig sind für die Rechtfertigung ihres Handelns in der Weltöffentlichkeit, sondern auch langfristig einen strategischen Vorteil bieten.[22]

Hybride Kriegführung ist also der Versuch, politische Ziele zu erreichen, indem eine Vielzahl von unterschiedlichen, aber synchronisierten legalen wie auch illegalen Mitteln und Wegen oftmals verdeckt und überraschend eingesetzt werden, um einem Gegner den eigenen Willen aufzuzwingen.[23] Streitkräfte bzw. bewaffnete Gruppierungen sind ein wichtiges Mittel, stehen aber nicht notwendigerweise im Vordergrund. Sie bleiben dennoch unverzichtbar, zumindest als Drohkulisse, und

---

[22] Michael Walzer, Was ist falsch am Terrorismus?, In: Mittelweg 36, 2004, H.6, S. 73-86. Siehe auch Matthias Gillner, Volker Stümke (Hrsg.), Kollateralopfer. Die Tötung von Unschuldigen als rechtliches und moralisches Problem, Münster 2014, S. 13.
[23] Siehe GAO, slide 16: "According to our analysis of DOD and academic documents, hybrid warfare blends conventional und irregular warfare approaches across the full spectrum of conflict."

kommen ggf. erst dann zum Einsatz, wenn die Situation reif ist.

Das Vorgehen Russlands in der Ukraine wirft die Frage auf, warum selbst Staaten mit starken konventionellen Streitkräften eine hybride Kriegführung anwenden. Das Militär autoritärer Staaten ist westlichen Streitkräften in bewaffneten Auseinandersetzungen zumindest mittel- und langfristig unterlegen. Dies liegt nicht nur an der besseren Waffentechnologie des Westens, sondern auch an den größeren finanziellen und materiellen Ressourcen, die der Westen verfügbar machen könnte.[24] Daraus erwächst etwa Russlands Interesse, mit seinem konfliktverschärfenden außenpolitischen Handeln nicht den Bündnisfall nach Art. 5 des NATO-Vertrages auszulösen. Auch die innenpolitische Situation spielt hierbei sicherlich eine Rolle. Diktaturen und Terrorregime haben trotz bisweilen charismatischer Führung und umfassender Repression einen hohen Bedarf an Legitimation. Sie müssen verhindern, dass oppositionelle Kräfte auf klaren Fakten beruhende, glaubwürdige Argumente beispielsweise über rechtswidriges Handeln an die Hand bekommen; eine Anklage vor dem Internationalen Strafgerichtshof wäre ein strategischer Rückschlag.

---

[24] In den Weltkriegen des 20. Jahrhunderts stand Deutschland vor dem strategischen Problem, als Landmacht gegen ein Seebündnis mit unbegrenztem Zugang zu den Ressourcen der Welt antreten zu müssen. Heute ist Deutschland als Mitglied der NATO selbst Teil eines Seebündnisses.

Staaten wie Russland würden bewaffnete Kräfte wohl eher zurückhaltend im Kampf gegen westliche Streitkräfte einsetzen; ihr Einsatz erfolgte meist verdeckt oder indirekt zur Unterstützung von anderen bewaffneten Gruppierungen, die den eigentlichen Kampf führen. Als Drohkulisse sind sie eher ein Mittel der Propaganda, der Einschüchterung von Menschen, insbesondere von politischen Entscheidungsträgern, sowie der Abschreckung. Ihre Rolle könnte dann wieder größer werden, wenn es um die Verteidigung von durch hybride Kriegführung gewonnenen Räumen geht oder wenn der Westen als militärisch unterlegen und politisch unentschlossen beurteilt wird.

Organisationen wie der IS oder die Hisbollah werden ihre militärischen Kräfte dann offensiv einsetzen, wenn sie sich einem Gegner taktisch und moralisch überlegen fühlen.

Hybride Kriegführung ist eine offensive Strategie, die auf Raumgewinn zielt, bei einem konventionell überlegenen Gegner aber einhergeht mit einer defensiv ausgerichteten Militärstrategie. Sie berücksichtigt damit eine der wesentlichen Erkenntnisse aus Clausewitz' Theorie des Krieges: dass Verteidigung stärker als der Angriff ist.[25] Für

---

[25] Carl von Clausewitz, Vom Krieg, Bonn 1991, S. 880. Timothy B. McCulloh, The Inadequacy of Definition and the Utility of a Theory of Hybrid Conflict: Is the "Hybrid Threat" New?, in Joint Special Operations University, Hybrid Warfare, JSOU Report 13-4, Florida 2013, S. 23: "Hybrid forces seek to use defensive type

offensive Operationen werden eher andere, unkonventionelle Mittel und Wege genutzt.

Staaten und Organisationen, die auf hybride Kriegführung setzen, haben kein Interesse an einer schnell herbeizuführenden Entscheidungsschlacht, da diese immer mit dem Risiko einer finalen Niederlage behaftet ist. Niederlagen führen oftmals auch zu Machtverlust im eigenen Land, zumindest zu Ansehensverlust in der Weltöffentlichkeit. Zudem sollten schnelle Entscheidungsschlachten langwierige Volkskriege vermeiden. Dies ist nicht das Ziel hybrid kriegführender Staaten und Organisationen, die interne Konflikte nutzen, um Staaten zu destabilisieren. Sie bevorzugen die Abnutzung des Gegners, vor allem seiner politischen Handlungsfähigkeit, ggf. auch durch Bürgerkriege. Dazu werden eher irreguläre als konventionelle Taktiken angewandt; Grenzen und Zwänge (*caveats*) der Strategieentwicklung und -implementierung ebenso wie der Operationsführung gegnerischer Staaten und Bündnisse, wie sie aufgrund innenpolitischer Rücksichtsnahmen oftmals gegeben sind, werden dabei ausgenutzt. Dazu bieten sich vor allem dann Möglichkeiten, wenn die Bereitschaft der Bevölkerungen in demokratischen Staaten gering ist, lang andauernde militärische Engagements, die mit hohen perso-

---

operations… These operations will often include offensive components, but the overarching intent will still be one of defense."

nellen und materiellen Kosten einhergehen, zu unterstützen.[26]

Kritik am Begriff

Trotz der bereits deutlich gewordenen Nützlichkeit des Begriffs in der sicherheitspolitischen und militärischen Analyse sowie seiner medialen Attraktivität argumentieren einige Experten, dass der Begriff nicht notwendig sei, da das Geschehen, das er beschreibt, entweder von anderen Begriffen bereits erfasst werde oder er etwas beschreibe, was es immer schon in Kriegen gegeben habe.[27]

Tatsächlich umfassen Begriffe wie „*Full Spectrum Operations*", „*Three-Block-War*" oder „Gleichzeitigkeit und Wechsel der Intensitäten"[28] Elemente einer hybriden Kriegführung. Ein Begriff, der keine zusätzlichen Inhalte bietet oder neue Akzente setzt, wäre tatsächlich überflüssig.

Sodann fällt es Historikern oder historisch geschulten Offizieren leicht, Elemente hybrider

---

[26] McCulloh, The Inadequacy of Definition and the Utility of a Theory of Hybrid Conflict: Is the "Hybrid Threat" New?, a.a.O., S. 24

[27] Williamson Murray, Peter R. Mansoor (ed.), Hybrid Warfare. Fighting Complex Opponents form the Ancient World to the Present, Cambridge University Press 2012. Zu Vietnam und Irak als Beispiele für hybride Kriegführung siehe Richard Johnson, Operational Approaches to Hybrid Warfare. In: Joint Special Operations University, Hybrid Warfare, JSOU Report 13-4, Florida 2013, S. 71-99.

[28] Siehe dazu Huovinen, a.a.O., S. 5; HDv 100/100, Bonn 2007, Nr. 8035-8037.

Kriegführung in vergangenen Kriegen aufzuspüren. Dies gilt selbst für den „Idealtypus" des konventionellen Krieges, den II. Weltkrieg. Damals wurden neben den Streitkräften zu Lande, im Wasser und in der Luft auch Propaganda, verdeckte Operationen und Spionage sowie das gesamte Spektrum politischer, wirtschaftlicher, sozialer, infrastruktureller und energiepolitischer Maßnahmen „generalstabsmäßig" genutzt. Allerdings standen diese Maßnahmen angesichts der zerstörerischen Gewalt des Waffeneinsatzes nicht so sehr im Vordergrund; sie hatten häufig einen eher unterstützenden Charakter für die militärischen Operationen.[29]

Eine Entzauberung des Begriffs der hybriden Kriegführung ist durchaus berechtigt, um die Angst vor diesem Phänomen zu nehmen. Er meint nicht etwas grundsätzlich Neues, auf das es (noch) keine erfolgversprechende Gegenreaktion gäbe. Gleichwohl sollten es sich Kritiker des Begriffs nicht allzu leicht machen. Der Vorwurf, dass es dieses alles schon einmal in der Menschheitsgeschichte gegeben habe, gilt auch für die Anfang der 90er Jahre häufig genutzten Begriffe der „asymmetrischen Kriegführung" sowie der „Neuen Kriege"[30], die, historisch betrachtet, alles ande-

---

[29] Siehe dazu die Kriegsgeschichte von Rick Atkinson, The Guns at Last Light. The War in Western Europe, 1944-45, New York 2013.
[30] Martin van Creveld, Die Zukunft des Krieges, München 1998; Herfried Münkler, Die neuen Kriege, Reinbek bei Hamburg 2002. Der Dualismus zwischen symmetrischer und asymmetrischer

28

re als neue Phänomene auf den Begriff brachten. Gleichwohl haben diese Begriffe geholfen, unseren Blick auf die damaligen Entwicklungen von Krieg und Kriegführung nach dem Ende des Kalten Krieges zu schärfen.

Statt einer vorschnellen Zurückweisung sollte vielmehr die Stärke des Begriffs der hybriden Kriegführung in den Blick genommen werden. Diese liegt, wie bereits angesprochen, zunächst einmal in der „… Sensibilisierung für mögliche zukünftige Bedrohungen, die durch *neuartige Vermischungen* (hervorgehoben; U.H.) von Konfliktformen denkbar sind."[31] Sodann ruft der Begriff das in Erinnerung, was Clausewitz in das Zentrum seiner Kriegstheorie rückte: Die Unterscheidung zwischen der unveränderlichen *Natur* des Krieges und seinen historisch stark variablen *Erscheinungsformen*. Die Natur des Krieges darf nie vergessen werden: Sie ist geprägt durch Gewalt, Ungewissheit, Zufall und Glück. Sie macht Handeln im Krieg zu einer „Bewegung im erschwerenden Mittel".[32] Krieg ist aber auch das Gebiet der schöpferischen Gestaltung. Die Gestaltungsmöglichkeiten sind nicht unendlich, können aber enorm sein; sie

---

Kriege reicht nicht aus zum Verständnis dessen, was in vielen Krisen- und Kriegsgebieten passiert. Siehe Marc Oprach, Hybrid Warfare – neue Dimension der terroristischen Bedrohung. In: Die Politische Meinung. Zeitschrift für Politik, Gesellschaft, Religion und Kultur, 508/2012, S. 59.

[31] Matthias Wolfram, Hybride Bedrohungen – reale Gefahr oder theoretisches Gedankenspiel? In: ASMZ, 04/2011, S. 8.

[32] Clausewitz, a.a.O., 202, 414.

erwachsen aus dem Wechselwirkungsverhältnis der von Clausewitz herausgearbeiteten „wunderlichen Dreifaltigkeit" von Politik, Gesellschaft und Streitkräfte; je offener und kooperativer die Zusammenarbeit zwischen diesen Bezugsgrößen ist, desto mehr Gestaltungsspielräume bestehen. Erfolgreiche Kriegführung zeichnet sich dadurch aus, dass sie die Natur des Krieges jederzeit beachtet sowie die möglichen Denk- und Handlungsfreiheiten schöpferisch nutzt. Der Begriff „hybrid" stellt dieses schöpferische Element in den Mittelpunkt.

Krieg als „schöpferische Gestaltung", als eine „Kunst", darf nicht allein auf die Führung von Truppen im Gefecht begrenzt werden.[33] Das Schöpferische muss vielmehr vor, während und nach einem Waffengang alle Mittel und Wege umfassen, die der Politik zur Verfügung stehen. Dies setzt weitgehend spannungsfreie zivil-militärische Beziehungen voraus. Spannungen könnten beispielsweise dazu führen, dass kreative Vorschläge von Militärs, die über die militärische Domäne hinausgehen und eine ganzheitliche Perspektive auf Konfliktursachen und Handlungsmöglichkeiten eröffnen, als Angriff auf das Primat der Politik oder die Zuständigkeit ziviler Organisationen abgelehnt werden. Misstrauen gegenüber dem Militär und geistiges Verharren innerhalb von

---

[33] Siehe dazu HDv 100/100, Bonn 2007, Nr. 1003: "Truppenführung ist eine Kunst, eine auf Charakter, Können und geistiger Kraft beruhende schöpferische Tätigkeit."

strikten Zuständigkeiten sind keine gute Ausgangsbasis für schöpferisches Orchestrieren.

Schwierig wird es zudem, wenn die Kommunikation zwischen der strategischen und der taktischen Ebene nicht funktioniert. Höchste Bedeutung hat die Beratung von Politikern und Kommandeuren in militärischen Hauptquartieren durch die taktischen Führer, die Operationen in Einsatzgebieten durchführen. In der Erarbeitung von Strategien und insbesondere während der Einsätze, wenn Politiker und militärstrategische Führer Einsatzverbände besuchen, geht es vor allem um die Frage, ob die vorhandenen Mittel ausreichen, um die vorgegebenen Ziele zu erreichen.[34] Brisant ist zudem immer auch die Frage, welche Mittel und Wege die gewünschten strategischen Wirkungen erzielen können. Es lässt sich nur schwer erkennen, wie bestimmte Mittel sich in einem komplexen Umfeld tatsächlich auswirken und wie zivile und militärische Mittel mit ihren jeweiligen Wirkungen (und das heißt auch mit ihren Wechselwirkungen) synchronisiert werden müssen. Diese komplexe Analyse ist alles andere als trivial und kann nur durch eine enge Zusammenarbeit von Militär und zivilen Partnern auf verschiedenen Führungsebenen geleistet werden.

---

[34] Siehe hierzu etwa neuerdings Rainer Buske, KUNDUZ. Ein Erlebnisbericht über einen militärischen Einsatz der Bundeswehr in Afghanistan im Jahre 2008, Berlin 2015; siehe dazu auch die zahlreichen Berichte und Analysen des ehemaligen Bundestagsabgeordneten Winfried Nachtwei auf www.nachtwei.de.

Eine gemeinsame und Ebenen übergreifende
Analyse bisheriger Einsatzerfahrungen von zivilen
und militärischen Partnern wäre dazu genauso
erforderlich wie ein partnerschaftlicher, auf Dauer
angelegter Diskurs über mögliche Einsatzszena-
rien und die wahrscheinlichen (Wechsel-) Wirkungen unterschiedlicher Mittel und Wege. Die Auseinandersetzung mit hybriden Bedrohungen zeigt
somit deutlich auf, wo Schwachstellen in den Institutionen und Prozessen der Sicherheitsvorsorge
sowie der sicherheitspolitischen Debatte, letztlich
in der strategischen Kultur eines Landes oder eines Bündnisses, liegen. Der Begriff der hybriden
Kriegführung könnte dabei helfen, die strategische
Kultur eines Landes und ihre Bruchstellen kritisch
zu hinterfragen. Er bildete ein Warnschild angesichts der allzu menschlichen Versuchung, Streit-
kräfteplanungen am letzten Krieg oder an einem
einzigen, „liebgewonnenen" Kriegsbild festzuma-
chen oder konzeptionelle Begriffe wie „vernetzte
Sicherheit" als bloßes Mittel der politischen Rhetorik zu gebrauchen.

Zudem kann ein neuer, attraktiver Begriff dazu
beitragen, Bildungs- und Selbstbildungsprozesse
sowie intellektuelle Debatten anzuregen — selbst
dann, wenn Historiker sagten, die Phänomene, die
der neue Begriff beschriebe, habe es immer schon
gegeben. Denn trotz aller militärgeschichtlichen
Forschung und historischen Bildung ist es noch
lange nicht ausgemacht, dass das „alte Neue" auch
in dem wirkungsgeschichtlichen Bewusstsein der

verantwortlichen Politiker oder der militärischen und zivilen Führungskräfte verankert ist.

Zudem muss kritisch hinterfragt werden, inwieweit die militärgeschichtliche Forschung die Wechselwirkungen von zivilen und militärischen Mitteln und Wegen in vergangenen Kriegen, Krisen und Konflikten hinreichend erforscht. Gerade weil Militärorganisationen sich nicht selten für den letzten Krieg bzw. Einsatz optimieren und dann durch neue Konflikte überrascht werden, erscheint es sinnvoll, mit neuen Begriffen auf Änderungen hinzuweisen, diese Änderungen theoretisch zu durchdringen, Strategien daraufhin kontinuierlich zu überprüfen und diese rechtzeitig anzupassen.

Der Begriff der hybriden Kriegführung könnte zudem weitere Impulse geben für eine militärgeschichtliche Forschung, die Operationsgeschichte immer stärker mit den Wechselwirkungen des Einsatzes von zivilen und militärischen Mitteln verknüpft.[35] Er warnt auch davor, sich nicht zu sehr auf die bisherige technologisch-materielle Überlegenheit der westlichen Streitkräfte zu verlassen. Gegner werden alles tun, um diese Überlegenheit nicht nutzbar zu machen oder wirkungslos verpuffen zu lassen. Hinzu kommt, dass – infolge der Globalisierung und der rasanten technologi-

---

[35] Zur Bedeutung von Militärgeschichte für Geschichtswissenschaft und Streitkräfte siehe Perspektiven der Militärgeschichte, herausg. von Jörg Echternkamp, Wolfgang Schmidt und Thomas Vogel, München 2010.

schen Fortschritte – selbst nichtstaatliche Akteure zunehmend in der Lage sein werden, hoch gerüstete Staaten auch konventionell herauszufordern.[36]

Der Begriff gibt auch erste Hinweise, in welche Richtung Gegenmaßnahmen zu denken sind. Wenn hybride Kriegführung die kreative, überraschende Kombination meint, muss man sich Gedanken machen über das rechtzeitige Erkennen sowie über eine jederzeit sichere und erfolgversprechende Abwehr hybrider Bedrohungen. Die zentrale Frage lautet: Wie kann ich den offensiven hybriden Aktivitäten eines Gegners eine Komplexität entgegenstellen, die es mir erlaubt, ihm schnellstmöglich die Initiative zu entreißen? Eine Antwort auf diese Frage ist nicht allein in moderner Informationstechnologie oder vernetzter Operationsführung zu suchen, sondern muss auch die politische Ebene der Krisenprävention und der Erarbeitung von Strategien sowie die Ausbildung von zivilen und militärischen Führungskräften umfassen.

Erhöhung von Komplexität

In den US-amerikanischen Streitkräften ist das Akronym VUCA sehr geläufig. VUCA steht für *Volatility*, *Uncertainty*, *Complexity* und *Adaptability*.

---

[36] Selbst die USA unterstreichen diese Gefahr. Siehe dazu das *Army Operating Concept*. Siehe auch Ministry of Defence, Strategic Trends Programme. Future Character of Conflict, London; Planungsamt der Bundeswehr, Future Study 2012: Nicht-staatliche Konflikte in Räumen begrenzter Staatlichkeit, Berlin 2013.

Es ist eine Erklärung dafür, weshalb Prognosen über Konflikte äußerst schwer und oftmals falsch sind. Dies betrifft nicht nur Analysen, wo es zu Krisen und Konflikten kommen, sondern auch, wie der Charakter eines Krieges aussehen und sich im weiteren Verlauf verändern könnte.

Der preußische General und Kriegsphilosoph Carl von Clausewitz kannte noch nicht den Begriff der Komplexität, der uns heute leicht über die Lippen geht und bei dem wir häufig mahnend, manchmal auch entschuldigend oder sogar resignierend hinzufügen, dass heute eigentlich alles viel komplexer sei als jemals zuvor und künftig noch komplexer werden würde. Allerdings wusste Clausewitz bereits, dass die Erkenntnis dessen, was vor, während und nach Kriegen passiert, genauso wenig trivial ist wie das militärische Handeln im Krieg, das er als „Bewegung im erschwerenden Mittel" qualifizierte. Ungewissheit sei ein wesentliches Merkmal der Natur des Krieges. Der „Nebel des Krieges" (*fog of war*) erschwere Denken und Handeln. Politiker ebenso wie Diplomaten, Militärs, Ökonomen, Entwicklungshelfer und sonstige Experten stünden, um ein Bild des Psychologen Dietrich Dörner zu nutzen, „vor einer Milchglasscheibe", durch die man das Kriegs- bzw. Einsatzgeschehen hindurch verstehen müsse.

Was ist eigentlich mit Komplexität gemeint? Dörner hat menschliches Denken und Handeln in vielen komplexen Szenarios eingehend untersucht und bietet eine sehr eingängige Analogie an. Er sagt, „… dass ein Akteur in einer komplexen Handlungssituation einem Schachspieler gleicht, der mit einem Schachspiel spielen muss, welches sehr viele (etwa: einige Dutzend) Figuren aufweist, die mit Gummifäden aneinanderhängen, so dass es ihm unmöglich ist, nur eine Figur zu bewegen. Außerdem bewegen sich seine und des Gegners Figuren auch von allein, nach Regeln, die er nicht genau kennt oder über die er falsche Annahmen hat. Und obendrein befindet sich ein Teil der eigenen und der fremden Figuren im Nebel und ist nicht oder nur ungenau zu erkennen."[37]

Ein anderer einprägsamer Vergleich stammt von einem US-amerikanischen Offizier mit Erfahrungen aus dem Vietnam-Krieg. Er vergleicht die Führung im Krieg mit dem Pfeifen von zwölf Fußballspielen – und zwar gleichzeitig.[38] Hierbei sind zumindest die Regeln bekannt. Vielleicht sind die Situationen, mit denen sich Politiker sowie zivile und militärische Führungskräfte bei der hybriden Kriegführung konfrontiert sehen, eher noch schwieriger, weil es Regeln gibt, denen sie sich verpflichtet fühlen, während die gegnerische Seite diese missachtet.

Wie die Konfrontation mit Komplexität das Kriegsbild von Entscheidungsträgern verändert,

---

[37] Dietrich Dörner, Die Logik des Mißlingens, Reinbek bei Hamburg 1996, S. 66
[38] Dietrich Ungerer, Der militärische Einsatz, Berlin 2003, S. 21; siehe dazu auch die Ausführungen zur Horizontal- und Vertikalflucht bei Dörner, a.a.O., S. 154.

verdeutlicht die „Metamorphose" von Donald Rumsfeld. Ursprünglich ein Verfechter der technologisch geprägten „*Revolution in Military Affairs*" (RMA), wandelte sich der US-Verteidigungsminister im Laufe seiner Amtszeit von 2001 bis 2005 zumindest in diesem Punkt bewusst oder unbewusst zu einem Clausewitzianer, indem er nicht nur von dem „*Known Unknown*", sondern auch von dem „*Unknown Unknown*" sprach.[39] Es gibt also nicht nur Milchscheiben, durch die man das Unbekannte zumindest erahnen kann, sondern auch undurchdringliche Mattscheiben, die das Unbekannte gänzlich unsichtbar machen. Wenn das Unbekannte Unbekannte in Erscheinung tritt, wirkt es auf die Menschen wie ein „*Black Swan*", der weder vorhergesehen noch abgewendet werden konnte.[40]

Die Komplexität in unserer Zeit ist deutlich höher als früher, weil es zunächst einmal einfach mehr sicherheitspolitisch relevante Akteure gibt, die eigene Ziele verfolgen, kreativ ihre Mittel kombinieren und schöpferisch auf das reagieren, was andere Akteure machen. Welche Akteure es gibt, was sie vorhaben und tun, ist häufig nicht

---

[39] Siehe dazu auch Donald Rumsfeld, Known and Unknown. A Memoir, New York 2011.

[40] Zum "Black Swan" siehe Nassim Nicholas Taleb, The Black Swan: The Impact of the Highly Improbable, New York 2010. Zur Notwendigkeit unwahrscheinlicher Ereignisse siehe auch Rolf Dobelli, Die Kunst des klaren Denkens, München 2014, S. 97. Siehe auch Daniel Kahneman, Schnelles Denken, langsames Denken, München 2014.

vollumfänglich bekannt. Sodann gibt es noch das Phänomen, dass Akteure mit ihrem Handeln trotz intensiver Planungen eine ganz andere Wirkung als die beabsichtigte erzielen und dadurch neue, kaum vorhersehbare Folgen herbeiführen. Spätestens hier sind wir im Herrschaftsbereich des *„Unknown Unknown“*.

Wie kann der Mensch in einem derartigen Umfeld richtig handeln, um seine Ziele zu erreichen? Zunächst einmal könnte er sich auf sein Glück verlassen. Von allen „Zweigen des menschlichen Tuns (stünde der) Krieg dem Kartenspiel am nächsten“, schrieb Clausewitz.[41] Er mahnte daher zur Vorsicht. Man sollte nicht zu viel wagen, wenn man es nicht muss.

Wer sich nicht auf sein Glück verlassen möchte, könnte versuchen, durch methodisch geleitete geistige Anstrengungen Situationen und Ereignisse besser zu verstehen und so Ungewissheit zu reduzieren. Clausewitz hatte die für den Krieg angemessenen Erkenntnismethoden in der Philosophie gesucht und in den geisteswissenschaftlichen Methoden der Hermeneutik und Dialektik gefunden.[42] Diese zeichnen sich durch ganzheitliche, immer wiederkehrende Denkbewegungen aus, die Spannungen klar herausarbeiten. Es kommt schließlich darauf an, nicht aufhebbare Spannun-

---

[41] Clausewitz, Vom Kriege, S. 207, 954f.
[42] Siehe dazu Uwe Hartmann, Carl von Clausewitz. Erkenntnis–Bildung–Generalstabsausbildung, München 1998.

38

gen durch Handeln zu überwinden. Charaktertugenden seien dafür erforderlich.[43]

Für das Einüben in ganzheitliches Denken sei vor allem die kritische Auseinandersetzung mit der Geschichte hilfreich.[44] Clausewitz plädiert also nicht für Glück oder Tatkraft allein, sondern für wissenschaftliche Bildung und lebenslanges Lernen.

Wir wissen allerdings, dass der menschliche Verstand für das Durchdenken von komplexen Situationen nicht bestens vorbereitet ist. Unser Gehirn ist optimiert für schnelle Reaktionen auf einfache Reize. Registrierten die Augen unserer Urahnen einen Säbelzahntiger, setzte deren Gehirn automatisch einen Fluchtprozess in Gang. Jedes reflexive Innehalten hätte das Risiko, nicht zu überleben, erhöht. Sodann gibt es das Phänomen der Intuition, des richtigen Bauchgefühls. Es hilft uns, Gefahren zu erahnen und manchmal auch, Situationen schnell einzuschätzen und richtig zu reagieren. Aber auch die Intuition bietet keine verlässliche Grundlage für richtiges Handeln. Je komplexer eine Situation ist, desto weniger sind Intuitionen oder automatisierte Reaktionen auf bestimmte Reize hilfreich.[45]

Angesichts der evolutionären Eigentümlichkeiten menschlichen Denkens ist es nicht verwunder-

---

[43] Clausewitz, a.a.O., 238, 245ff.
[44] Clausewitz, a.a.O., S. 312ff.
[45] Kahneman, Schnelles Denken, langsames Denken, a.a.O.; Dobrelli, Die Kunst des klaren Denkens, a.a.O.

lich, dass Menschen in komplexen Umfeldern Fehler machen. Ein Kardinalfehler ist, dass Probleme gelöst werden, „…ohne dass dabei die durch die neuen Problemlösungen entstandenen Fernwirkungen und damit die neuen Probleme, die durch die Problemlösung erzeugt wurden, gesehen wurden".[46] Es fehlt also die ganzheitliche Betrachtung der Wirkungen und Wechselwirkungen, auch auf der Zeitachse.[47]

Das mechanische „Eins nach dem anderen!" – um bei dem Verhaltensmethodismus unserer Urahnen zu bleiben: erst flüchten, dann sehen wir weiter – hilft eher nicht. Das schließt nicht aus, dass das, was vor tausenden Jahren das Geheimnis des Überlebens war, auch heute noch in Managementmethoden wie beispielsweise der ABC-Methode[48] gelehrt wird und in gewisser Weise auch hilft, zumindest auf unteren Führungsebenen. Höhere Führungsebenen stehen allerdings vor einem ganz anderen Problem: Komplexität ist keine reine Kausalkette, sondern ein System, in dem vieles mit vielem zusammen hängt. Da es keine Ansammlung unabhängiger Teilsysteme

---

[46] Dörner, Die Logik des Mißlingens, S. 25. Zur Zukunftsverantwortung des Menschen siehe auch Hans Jonas, Das Prinzip Verantwortung, Frankfurt/M. 1984.

[47] Zur Verantwortung für die Zukunft bzw. Ethik der Fernverantwortung siehe Hans Jonas, Das Prinzip Verantwortung, Frankfurt/M. 1979.

[48] Zur ABC-Methode im Zeitmanagement siehe http://www.poeschel.net/zeit/abc-analyse.php. (aufgerufen 5. Mai 2015).

ist,[49] kann es auch nicht in Scheibchen portioniert und abgearbeitet werden.

Hinzu kommt, dass unser Verstand uns bisweilen üble Streiche spielt. Hier seien nur einige wenige Beispiele aufgelistet, die jeder schon einmal erlebt hat: Entscheidungsträger weigern sich etwas anzuerkennen, obwohl sie es kennen; Arbeitsgruppen lassen schwierige Themen wie heiße Kartoffeln fallen; sie konzentrieren sich nur auf einen Teilaspekt des Problems, von dem sie glauben, dass sie ihn lösen könnten. Oder sie versuchen, alles gleichzeitig zu machen, weil sie den roten Faden einer möglichen Problemlösung einfach nicht erkennen. Der Psychologe Dietrich Ungerer bezeichnet diese allzu menschlichen Reaktionen als „mentales Fremdgehen" bzw. „Schrotschussverhalten"[50]. Weitere Beispiele sind: Vorgesetzte delegieren die schwierigen Teilaufgaben und lassen dabei sogar die Ziele im Unklaren; eingespielte Teams überschätzen ihre Leistungsfähigkeit, reizen Sicherheitssysteme aus und lösen dadurch Katastrophen wie etwa Tschernobyl aus.[51] Diese Denkschwierigkeiten sind tief in unserem Verstand verankert. Sie erschweren unsere Problemlösungen. Das Wissen um sie könnte helfen, Denkfallen zu vermeiden.

---

49 Dörner, a.a.O., S. 127.
50 Ungerer, a.a.O., S. 124 und 128.
51 Dörner, a.a.O., S. 47-63.

Krisen, Konflikte und Kriege sind ohne Zweifel komplexe Systeme. Es hängt nicht nur vieles irgendwie mit vielem zusammen; kleine Ursachen können auch größte Auswirkungen haben. Aus der Chaos-Theorie ist die schöne Analogie mit dem Schmetterling in Südamerika, dessen Flügelschlag einen Tornado in den USA auslösen kann, ein bekanntes Beispiel. Moderne Gesellschaften sind durch punktuelle Angriffe störanfällig, weil in Gang gesetzte Prozesse unkontrolliert ablaufen können. Allein schon die Bedrohung durch MANPADS[52], deren Besitz in den Händen von terroristischen Organisationen über Medien verbreitet wird, hätte enorme Wirkungen auf den internationalen Flugverkehr und damit – nicht zuletzt aufgrund der Aktienmärkte – extrem negative Folgen für die Weltwirtschaft. Die Finanzkrise von 2008 zeigte, dass solche Krisen nur mit konzertierten politischen Aktionen und wahrscheinlich sehr viel Glück in den Griff zu kriegen sind.

Die Angreifer haben dabei deutliche Vorteile. In dem Durchdenken von Handlungsmöglichkeiten für solche disruptiven Attacken gibt es keine Grenzen für destruktive Kreativität. Die Verteidiger stehen dagegen vor großen Problemen: Angriffe wären gleichzeitig konkret und anonym so-

---

[52] MANPADS: **Man P**ortable **Air D**efense **S**ystem sind schultergestützte Einmann-Flugabwehr-Lenkwaffen oder Ein-Mann-Boden-Luft-Raketen zur Bekämpfung vorwiegend von tief fliegenden Luftzielen.

wie lokal und global: Man weiß nicht, welcher Schmetterling es war, ja noch nicht einmal, ob es überhaupt einer war. Die Wirkungen kommen wie aus dem Nichts und erzeugen neue Wirkungen, vor allem auf das Verhalten der Menschen, die kaum lokal oder regional begrenzbar sind. Dabei ist es manchmal nicht relevant, ob etwas tatsächlich so ist. Wenn die Menschen etwas glauben und ihr Verhalten danach ausrichten, spielt es keine Rolle, ob etwas tatsächlich so war.

Hybride Kriegführung versucht, diese Störanfälligkeit moderner Gesellschaften für eigene politische Zwecke zu nutzen. Dabei geht es nicht allein darum, einen Gegner durch eine schwierige militärische Lage herauszufordern, sondern die Leistungsfähigkeit seiner politischen und gesellschaftlichen Denk-, Analyse- und Handlungsprozesse zu überlasten. Für den Aggressor wäre es ideal, wenn sich ein Gegner seinem Willen unterwürfe, ohne dass er militärische Gewalt einsetzen musste.[53]

Das Nachdenken über hybride Kriegführung sowie der Versuch, eine Theorie für eine bessere Praxis im Umgang mit hybriden Bedrohungen zu entwickeln, ist der erste Schritt im Umgang mit Komplexität.[54] Komplexität ist damit Sinnbild für

---

[53] Dies ist das bereits von dem chinesischen Strategieberater Sun Tzu beschriebene Ideal von Kriegführung. Siehe dazu Sun Tzu, The Art of War, London/Oxford/New York 1971.
[54] Siehe dazu etwas das *US Army Operating Concept* von 2014. Siehe auch United States Government Accountability Office,

die oftmals klagend beschworene Forderung und Überforderung von Entscheidungsträgern, aber auch Ausweg zugleich. Im *Army Operating Concept* der US-amerikanischen Streitkräfte wird beispielsweise die Erhöhung der Komplexität für den Gegner als das zentrale Gegenmittel angeführt.[55] Ziel müsse es sein, den Gegner durch mehrere komplexe Herausforderungen zu überfordern, während die eigenen Kräfte über eine hohe Widerstandsfähigkeit (Resilienz) im Umgang mit Komplexität verfügen. Diese doppelte Fähigkeit zur Komplexitätserhöhung für den Gegner sowie zur Komplexitätsreduzierung für die eigene Seite sei der entscheidende Wettbewerbsvorteil. Damit steht der Mensch und seine Befähigung zum Umgang mit Komplexität im Mittelpunkt; er ist ein Wettbewerbsfaktor erster Klasse.

Was hilft uns, Komplexität für einen Gegner zu erhöhen und gleichzeitig selbstsicher und widerstandsfähig mit komplexen Herausforderungen umzugehen? Die US-amerikanischen ebenso wie die britischen Streitkräfte sehen den Königsweg in der Ermächtigung des Einzelnen, insbesondere der Entscheidungsträger, durch Bildung. Es ist daher allzu verständlich, dass in den US-

http://www.ausa.org/publications/armymagazine/archive/2014/Documents/11November14/Perkins_GRBook2014.pdf (aufgerufen 5. Mai 2015).

[55] Siehe das *US Army Operating Concept*, a.a.O., S. iii: "The Key to a Strategic Win is to present the enemy with multiple dilemmas. To compel enemy actions requires putting something of value to them at risk."

Streitkräften deutlich mehr Wert auf Erziehung und Bildung gelegt wird als noch vor wenigen Jahren.[56]

Zum Erziehungs- und Bildungskanon moderner Streitkräfte gehören:

a. Wissen: Umfassende Kenntnisse über die Systeme Politik, Gesellschaft und Militär mit ihren Wechselwirkungen. Man kann dies auch als Strukturwissen bezeichnen[57].

b. Wissenschaft: Einübung von kritischen Denkmethoden (nicht zu verwechseln mit Managementmethoden) sowie die aktive Teilnahme an Diskursen, vor allem mit eigenen Erfahrungen und Reflexionen. Angesichts von Denkfallen[58], von kulturellen Bedingtheiten auch der Kriegführung[59] sowie der enormen Bedeutung von Infor-

---

[56] Im *US Army Operating Concept* werden "*rigorous education*" und "*critical thinking*" betont. Siehe auch Ministry of Defence, Strategic Trends Programme. Future Character of Conflict, a.a.O., S. 35, 38-39. Da Komplexität " ... keine objektive Größe (ist), sondern eine subjektive", können Bildung und Erziehung wesentliche Beiträge zum Umgang mit Komplexität leisten. Siehe dazu auch Dörner, a.a.O., S. 61.

[57] Dörner, a.a.O., S. 117.

[58] Dobelli, Die Kunst des klaren Denkens, a.a.O., sowie ders., Die Kunst des klugen Handelns, München 2014. Siehe auch Stephen J. Gerras, Thinking critically about critical thinking: A fundamental Guide for Strategic Leaders, US Army War College 2008. http://www.au.af.mil/au/awc/awcgate/army-usawc/crit_thkg_gerras.pdf (aufgerufen 5. Mai 2015)

[59] Siehe dazu Dietrich Ungerer, Militärische Lagen. Analysen - Bedrohungen - Herausforderungen, Berlin 2007, S. 20, 95-105.

mation[60] erhalten die Verhaltens- und Kommunikationswissenschaften höhere Relevanz.

c. Selbstvertrauen: Einsicht in den praktischen Wert einer guten Theorie, die das eigenständige Denken fordert und fördert. Dies hat wichtige Konsequenzen für die Gestaltung von Ausbildung, vor allem Übungen, und von Bildung, vor allem historischer Bildung: Es geht darum, Kriegsbilder und Vorschriften zu überprüfen und einer Bewährung in der Praxis zu unterziehen. Nur dann, wenn sie einer harten Prüfung standgehalten haben, vertraut ihnen der verantwortliche Führer. Nur dann, wenn dieser erfährt, wie er durch eigenständiges Denken Theorie, die der Praxis nicht mehr genügt, weiterentwickeln kann, wird er künftige Veränderungen im Kriegsbild selbständig erkennen und darauf mit Selbstvertrauen in sein eigenes Beurteilungsvermögen reagieren.[61]

d. Selbstverständnis/Führungsgrundsätze: Das kritische Nachdenken muss ebenso zum soldatischen Selbstverständnis gehören wie das entschlossene Handeln. Sinnvoll ist häufig ein Hineintasten in komplexe Umfelder, wobei die nächs-

---

[60] Siehe Sir Rupert Smith, The Utility of Force, New York 2007.

[61] Zum Zusammenspiel von Erleben und Deuten bei Baudissin siehe Claus von Rosen, Wissenschaft und Militärische Führung in Baudissins Konzeption Innere Führung in: Jahrbuch Innere Führung 2013. Wissenschaften und ihre Relevanz für die Bundeswehr als Armee im Einsatz, herausg. von Uwe Hartmann und Claus von Rosen, Berlin 2013, S. 102f.

ten Schritte davon abhängig sind, welche Wirkungen tatsächlich erzielt werden und wie die anderen Akteure reagieren. Zudem sollten mehrere Schritte gleichzeitig gemacht werden, weshalb die zugrunde liegenden Entscheidungsprozesse breit angelegt sein sollten. Forderungen nach einer klar definierten *exit strategy* und einem gradlinigen Weg dorthin mit mehreren festgelegten Zwischenschritten (*decisive points*) sind eine verständliche Wunschvorstellung unseres Verstandes, aber in einer komplexen Welt oftmals unrealistisch. Die Erarbeitung und Umsetzung von Strategien muss stärker berücksichtigen, was schon Clausewitz über den „Kriegsplan" sagte und was Helmuth von Moltke und Otto von Bismarck idealtypisch umgesetzt haben: Strategien sind Hilfsmittel mit begrenzter zeitlicher Gültigkeit. Sie müssen immer wieder flexibel angepasst werden. Dieser Prozess sollte nicht negativ, sondern positiv gesehen werden; denn er ermöglicht ein entschlossenes Ergreifen von Chancen, die sich in einem komplexen System unerwartet und plötzlich ergeben.[62]

Es darf aber nicht nur um den Einzelnen und seine Erziehung, Bildung und Ausbildung gehen; es sollte auch die Organisation des Umfeldes, in

---

[62] Zum Ursprung der Auftragstaktik im deutschen Heer siehe Marco Sigg, Der Unterführer als Feldherr im Taschenformat. Theorie und Praxis der Auftragstaktik im deutschen Heer 1869 bis 1945, Paderborn 2014. Das Führen nach Auftrag bzw. die Auftragstaktik wird gegenwärtig mit größtem Aufwand in den US-Streitkräften eingeführt.

dem Menschen denken und handeln, kritisch durchleuchtet und als lernende, flexible Organisation gestaltet werden:

a. Organisationen: Strukturen und Prozesse sollten den Umgang mit Komplexität erleichtern und nicht für die eigene Seite erschweren. Entscheidungen müssen auf immer niedrigere Führungsebenen verlagert werden.[63] Flexibilität (*institutional agility*) und Reserven sind erforderlich, um auch auf das Unerwartete, die strategische oder taktische Überraschung bzw. den *Black Swan*, kraftvoll reagieren zu können.[64]

b. Führungsprozesse: Müssen tradierte Führungsprozesse angepasst werden, um den komplexen Herausforderungen einer hybriden Bedrohung genügen zu können, und wenn ja, wie? Bei der Beantwortung dieser Frage dürfte es nicht nur um die bessere Synchronisation von militärischen und zivilen Führungsprozessen gehen. Wichtig ist auch, wie Besprechungen in der ressortübergreifenden Zusammenarbeit ebenso wie in operativ-taktischen Stäben, die traditionell sehr stark durch Zuständigkeitsdenken charakterisiert sind, ganzheitlich und kreativ gestaltet werden können. Für alle Teilnehmer ist es wichtig, die Grenzen ihrer

---

[63] Vor diesem Hintergrund führen die US-amerikanischen Streitkräfte mit großem Aufwand das Führen mit Auftrag bzw. die Auftragstaktik ein.

[64] Zur *institutional agility* siehe insbesondere Ministry of Defence, Strategic Trends Programme. Future Character of Conflict, a.a.O., S. 38.

Profession zu überschreiten. Voraussetzung dafür ist beispielsweise die Fähigkeit auch höchster Führungskräfte, Teams zu leiten und alternative Pfade bzw. abweichende Meinungen zu ermöglichen.[65]

c. Vorschriften und Leitfäden: Was können wir wissen und worauf können wir uns verlassen? Es gibt keine allgemeingültigen Grundsätze für militärisches oder ziviles Handeln, auch wenn das Verlangen danach verständlich ist. Grundsätze sind grundsätzlich kontextabhängig.[66] Führungskräfte müssen also erstens den Kontext umfassend analysieren, damit sie zweitens die richtigen, d.h. für den jeweiligen Kontext gültigen Grundsätze auswählen und richtig anwenden.[67] Der Psychologe Dörner schreibt dazu: „Man muss jeweils ein genaues Bild der sich ändernden Bedingungen behalten und darf nicht glauben, dass das Bild, welches man einmal von der Situation gewonnen hat, endgültig ist. Es bleibt alles im Fluss, und man hat sein Handeln auf die fließenden Bedingungen einzustellen. Diese Anforderung ist der menschlichen Tendenz zur Generalisierung und zur Bildung abstrakter Handlungsschemata in höchstem Maße entgegengesetzt."[68] Vorschriften

---

[65] Siehe hierzu etwa die Beiträge in dem Jahrbuch Innere Führung 2013, Wissenschaften und ihre Relevanz für die Bundeswehr als Armee im Einsatz, hrsg. von Uwe Hartmann und Claus von Rosen, Berlin 2013.

[66] Siehe dazu beispielsweise die *Allied Joint Doctrine for the Conduct of Operations* AJP-3(B), para. 0107 und 0118.

[67] Dörner, a.a.O., S. 143f.

[68] Dörner, a.a.O., S. 144.

dürfen diese Tendenz nicht stärken, sondern sollten vielmehr die Eigenständigkeit im Denken und Handeln vor dem Hintergrund komplexer Lagen betonen.

Aus der Betrachtung hybrider Kriegführung und hybrider Bedrohungen mithilfe des Begriffs der Komplexität ergeben sich folgende Erkenntnisse:

(1) Der Schwerpunkt liegt auf den kognitiven Aspekten („*human dimension of war*").[69] Technologie hat nur eine unterstützende Funktion und kann nicht die Qualität des Personals ersetzen.

(2) Hybride Kriegführung ist ein Zweikampf um die bessere Befähigung zur Generierung von und zum Umgang mit Komplexität. Jede Seite wird versuchen, die Komplexität so weit zu erhöhen, dass sie für den jeweiligen Gegner unbeherrschbar wird, während die eigene Seite noch denk- und handlungsfähig bleibt. Während früher Zeit der entscheidende Faktor war und es darum ging, den Führungsprozess eines Gegners zu unterlaufen, geht es heute vor allem um Komplexität, um den Führungsprozess des Gegners zu überfordern.

---

[69] Richard Johnson, Operational Approaches to Hybrid Warfare. In: Joint Special Operations University, Hybrid Warfare, JSOU Report 13-4, Florida 2013, S. 55. Ministry of Defence, Strategic Trends Programme. Future Character of Conflict, a.a.O., S. 35.

Reaktionen auf hybride Kriegführung

Die ressortübergreifende Zusammenarbeit (*whole-of-government-approach*) sowie der *comprehensive approach* in Bündnissen sind geeignete konzeptionelle Grundlagen für Reaktionen auf hybride Bedrohungen. Der *whole-of-government bzw. comprehensive approach* finden auf der strategischen Ebene von Staaten und Bündnissen statt. Hier werden Ziele, Mittel und Wege ausbalanciert, hier können mögliche Maßnahmen und Gegenmaßnahmen im Kontext und im Zusammenwirken durchdacht und konfiguriert werden; hier liegen auch die Erkenntnisse über potentielle Krisen und Konflikte vor, auf deren Grundlage Entscheidungen über präventive Maßnahmen getroffen werden. Die strategische Ebene ist von höchster Bedeutung. Nur wenn hier die richtigen Entscheidungen getroffen werden, können taktisch-operative Erfolge strategische Wirkungen erzielen.

Jede Strategie sollte auf einer ganzheitlichen Analyse der Situation beruhen. Um eine in Stresssituationen allzu häufige Verengung der gedanklichen Arbeit zu vermeiden, gibt es im militärischen Bereich einfache „Eselsbrücken" wie beispielsweise das Akronym PMESII[70]. Die Berücksichtigung politischer, ökonomischer, sozialer, infrastruktureller und informationeller Aspekte soll verhin-

---

[70] Political, Military, Economical, Social, Infrastructure, Information. Zu den zahlreichen, dennoch lückenhaften Kategorienschemata siehe Melanie Alamir, Vernetzte Sicherheit – Quo Vadis?, Berlin 2015, S. 21-22.

dern, dass jedes Problem als ein Nagel gesehen wird, weil man mit dem Militär einen schweren und griffbereiten Hammer zur Verfügung hat.[71]

Wichtig ist zudem, dass in den diversen Prozessen der Strategiebearbeitung militärische Entscheidungsträger über ihren spezifischen Auftrag hinaus mitdenken und die politischen Entscheidungsträger umfassend, d.h. auch über ihre eigentlichen Zuständigkeiten hinaus beraten. Dazu sollten sie vor allem die potenziellen Wechselwirkungen von zivilen und militärischen Mitteln und Wegen kennen bzw. für den jeweiligen Kontext beurteilen können. Die militärische Ausbildung steht damit genauso auf dem Prüfstand wie die Ausbildungsgänge von Diplomaten oder Direktoren in der Entwicklungszusammenarbeit.

In einer globalisierten Welt, in der selbst in Entwicklungsländern die jederzeitige Kommunikation über Telefon und Internet weithin gegeben ist, haben sog. Narrative, also das Interpretationsangebot für Ereignisse und Handlungen, größte

---

[71] US-Präsident Obama nahm in einer Rede in *West Point* eine in den US-Streitkräften geläufige Redewendung auf, um die Grenzen des Einsatzes militärischer Mittel zu unterstreichen: "The military that you have joined is, and always will be, the backbone of that leadership. But U.S. military action cannot be the only — or even primary — component of our leadership in every instance," he said. "Just because we have the best hammer does not mean that every problem is a nail."
http://www.nationalreview.com/corner/378955/obama-west-point-because-we-have-best-hammer-does-not-mean-every-problem-nail-andrew (aufgerufen am 26.04.2015)

Bedeutung.[72] Bisher vertrauten die Demokratien darauf, dass sich die Wahrheit durchsetzen wird. Es zeigt sich jedoch, dass die im weltweiten Netz verbreiteten „Wahrheiten" gezielt gesteuert und manipuliert werden. Operative Kommunikation muss daher Bestandteil aller militärischen und zivilen Operationen sein.[73] Strategische Kommunikation bildet dafür das gemeinsame Dach.

Die europäischen Demokratien und transatlantischen Partner haben sich mit der NATO, der EU und der OSZE mehrere Organisationen für die Erarbeitung, Implementierung und kontinuierliche Anpassung von Strategien geschaffen. Alle drei Organisationen konnten im aktuellen Konflikt in der Ukraine ihren spezifischen Mehrwert unter Beweis stellen: die NATO, weil sie über vielfältige Möglichkeiten der Aufklärung sowie der politischen und militärischen Beratung verfügt[74],

---

[72] Siehe General James Mattis, Launching NATO's New Strategic Concept, p. 2: "For the changing character of war in the information age will require military forces that recognize seizing or controlling terrain is secondary to protecting innocent lives, and that capturing perceptions is the new 'high Ground' in today's conflicts, as the moral is to the materiel as three is to one".

[73] Siehe Frank Pieper, Information und Kommunikation in Einsätzen. In: Uwe Hartmann (Hrsg.), Lernen von Afghanistan. Innovative Mittel und Wege für Auslandseinsätze, Berlin 2015, S. 57-75.

[74] In SHAPE wurde dazu ein *Comprehensive Crisis and Operations Management Centre* (CCOMC) eingerichtet; zur Verbesserungsbedürftigkeit von Bedrohungserkennung und Frühwarnung siehe den Beitrag von James Hackett und Alexander Nicoll in IP - Internationale Politik, 6/2015. Siehe dazu die Informationen zum Weißbuch-Prozess unter http://www.bmvg.de/portal/a/bmvg (aufgerufen am 27. Juni 2015).

und weil sie Sicherheit auch in die Randbereiche des Bündnisgebietes projizieren kann[75]; die OSZE, weil sie wie keine andere Organisation geeignet ist, in einem hybrid geführten Konflikt Transparenz zu schaffen, für Objektivität zu sorgen und Gesprächsräume offen zu halten[76]; die EU, weil wirtschaftlicher Druck notwendig ist, wo eine militärische Lösung selbst als *ultima ratio* wenig erfolgversprechend erscheint.

Die Krise in der Ukraine darf jedoch nicht isoliert betrachtet werden. Es gibt, um in dem Bild des US-amerikanischen Vietnam-Veterans zu bleiben, noch weitere Fußballfelder, auf denen gleichzeitig gespielt wird, wie beispielsweise die Finanzkrise der EU. Strategie muss sicherstellen, dass die hybride Kriegführung Russlands in der Ukraine mit der Euro-Krise um Griechenland nicht nur intellektuell, sondern auch institutionell in einem Zusammenhang gesehen wird. Der bisherige Verlauf der Konfliktbewältigung unterstreicht zudem, dass Sicherheitspolitik immer stärker mit wirtschaftlichen Maßnahmen, die aufgrund der Vernetzung von Kapital- und Roh-

---

[75] Siehe dazu das NATO-Programm der *Persistent Presence* im ostwärtigen Bündnisgebiet.
http://www.bundesregierung.de/Content/DE/Mitschrift/Pressek onferenzen/2014/08/2014-08-18-pk-lettland.html; siehe auch die *NATO Defence Capacity Building Initiative* der *Wales Summit Declaration* (http://www.act.nato.int/article-2014-2-w3).
(aufgerufen am 26.04.2015)
[76] Auch Russland gehört zu den Mitgliedsstaaten der OSZE.

stoffmärkten enorme Wirkung erzielen können, in Verbindung gebracht wird.[77]

Die NATO hat auf das Vorgehen Russlands in der Ukraine-Krise schnell reagiert und bei dem Gipfel in Wales wegweisende Entscheidungen getroffen.[78] Es ist wichtig, die Bedeutung von Artikel 5 des NATO-Vertrages klar und deutlich zu kommunizieren, wenn die Grenzen von Krieg und Frieden verwischen und dies von einem Gegner auch gezielt herbeigeführt wird. [79]

Der Vorteil der NATO gegenüber der EU besteht darin, dass die Vereinigten Staaten und deren Ressourcen mit eingebunden sind; da hybride Kriegführung grundsätzlich auch das atomare Waffenarsenal umfasst, bleibt die Präsenz der USA in Europa als Gegengewicht insbesondere zu Russland unverzichtbar. Die NATO ist und bleibt jedoch hauptsächlich ein Militärbündnis. Ihr Handlungsrepertoire ist eingeschränkt. Jede hybri-

---

[77] Dirk R. Notheis, Handelsblatt vom 3.2.2015, abgedruckt in Griephan Briefe, 09/15, 23. Februar 2015, S. 3: "Nicht mehr die Schlacht um Donezk, sondern die um den Kurs des Rubels oder Öls wird den Konflikt in der Ukraine entscheiden."

[78] Zum Gipfel in Wales siehe die Dokumente auf der Webpage http://www.nato.diplo.de/Vertretung/nato/de/06/Gipfelerklaeru ngen/wales-gipfel-2014.html (aufgerufen am 27. Juni 2015).

[79] Siehe General Mattis, Launching NATO's New Strategic Concept, speech 2009: "Taken together, the Alliance will be confronted in new ways and in new domains, challenging our notion of what constitutes an article 5 attack." Dies war primär bezogen auf Netzwerkangriffe. http://www.nato.int/cps/en/natolive/opinions_56392.htm (aufgerufen am 27. Mai 2015).

de Kriegführung gegen die NATO oder einen ihrer Mitgliedsstaaten wird dies ausnutzen.

Demgegenüber hat die EU gewisse Vorteile, weil sie über umfassende zivile Mittel verfügt, die bereits mehrfach zum Einsatz kamen. Allerdings bestehen Schwierigkeiten in der Synchronisation von zivilen und militärischen Mitteln und Wegen. So gab es bisher kaum zivil-militärische Operationen der EU, sondern zeitlich, räumlich und funktional getrennte militärische und zivile Operationen – trotz der Zielsetzung der Europäischen Sicherheits- und Verteidigungspolitik (ESVP), die Verzahnung der militärischen und zivilen Kräfte voranzutreiben und den *comprehensive approach* zu implementieren.[80]

Die Zusammenarbeit von EU und NATO wurde vor allem deshalb ausgebaut, damit NATO-Mitgliedsstaaten der EU bestimmte militärische Fähigkeiten zur Verfügung stellen. In Szenarien mit hybriden Bedrohungen könnte es jedoch sinnvoll sein, dass die EU zivile Fähigkeiten für die NATO bereitstellt.

Die NATO reagiert auf die strategische Herausforderung Russlands mit dem Konzept der *Very High Readiness Joint Task Force* (VJTF), welche Teil der seit 2003 existierenden *NATO Response Force* (NRF) ist. Dies stellt eine militärische Reak-

---

[80] Zuletzt *Council conclusions on the EU's comprehensive approach*, Council meeting Brussels, 12 May 2014.
http://www.consilium.europa.eu/uedocs/cms_Data/docs/pressda
ta/EN/foraff/142552.pdf (aufgerufen am 27. Juni 2015).

tion auf eine hybride Bedrohung dar, die auf den ersten Blick unterkomplex erscheint. Was bereits schnell war, soll künftig noch schneller werden. Angesichts der zeitlichen Dauer einer Verlegung von Truppen sowie der Kosten für die Vorausstationierung von Personal und Material gibt es hier deutliche Grenzen. Es ist jedoch wichtig, ein wesentliches Instrument der hybriden Drohkulisse, nämlich die Einschüchterung von Politik und Gesellschaft durch gegnerisches Militär, weitest möglich zu neutralisieren. Es zeichnet sich ab, dass, wenn die VJTF schnell und in einem frühen Stadium einer hybriden Bedrohung zum Einsatz kommt, diese auch über Fähigkeiten verfügen muss, die es ihr ermöglichen, einen hybrid vorgehenden Gegner mit einem komplexen Wirkungsspektrum zu bekämpfen.[81]

VJTF ist eine strategische Maßnahme, die indessen auch taktische Konsequenzen vor allem im Hinblick auf die Einsatzbereitschaft und Durchhaltefähigkeit der eingeplanten Truppenteile hat. Künftig geht es mehr um Reaktionsschnelligkeit der Truppe, Flexibilität der Führung und Anpassungsfähigkeit vor allem in der Wirkungserbringung. Daraus erwachsen große Herausforderun-

---

[81] Dies war bereits beim Vorgänger der NRF, der *Allied Mobile Force* (AMF), die bis 2002 existierte, der Fall. Siehe dazu Bernd Lemke, Strategische Mobilität im Kalten Krieg 1956 bis 1990: Die Allied Mobile Force, die UK Mobile Force und die Rapid Defence Joint Task Force im Vergleich. In: Heiner Möllers, Rudolf Schlaffer (Hrsg.), Sonderfall Bundeswehr? Streitkräfte in nationalen Perspektiven und im internationalen Vergleich, München 2014, S. 229-258.

gen für Armeen, die sich für langandauernde Stabilisierungsoperationen optimiert haben und nicht ausreichend finanziert wurden, um die Balance mit anderen sicherheitspolitischen Herausforderungen wie etwa in der Landes- und Bündnisverteidigung zu wahren.

VJTF ist ein klares Zeichen für Bündnissolidarität. Dahinter müssen jedoch dem Kriegsbild angemessene Fähigkeiten stehen, damit sie glaubwürdig sind. Sowohl einzelne Staaten und ihre Streitkräfte als auch NATO-Eingreifverbände müssen auf die Abwehr hybrider Angriffe vorbereitet sein.[82] Folgende Aspekte sollten dabei bedacht werden:

- Gegnerische irreguläre Kräfte wie beispielsweise „grüne Männchen"[83] könnten vor allem in den Anfangsphasen einer Operation eine wichtige Rolle spielen. Der frühe Einsatz von Spezial- oder Gendarmeriekräften ist daher ebenso erforderlich wie die Ausbildung von Soldaten für deren Bekämpfung.[84]

---

[82] Margarita Seselgyte, Can Hybrid War Become the Main Security Challenge for Eastern Europe?, 17 October 2014.

[83] Der Begriff "*little green men*" wurde zu beginn der Ukrainekrise sowohl von Politikern und Militärs als auch von Journalisten insbesondere nach der Besetzung des Flughafens Simferopol am 28. Februar 2014 verwendet, um die mit Uniformen, aber ohne Hoheitszeichen gekennzeichneten, gut organisierten Soldaten zu beschreiben.

[84] Zur Rolle der Jägertruppe im Kalten Krieg in der Bekämpfung irregulärer gegnerischer Kräfte siehe Helmut H. Hammerich, „Gegen Elitekämpfer helfen nur Jäger, keine Hausschuh-Truppen":

- Gegner werden versuchen, die technologische Überlegenheit westlicher Streitkräfte durch eigene Stärken auszugleichen, zumindest die Nützlichkeit des Einsatzes moderner Waffensysteme herabzusetzen. Dazu könnten sie vor allem urbane Umfelder als Operationsgebiete nutzen. Denn in begrenzten Kriegen mit limitierten Zielen wird es westlichen Streitkräften nicht erlaubt sein, massiv Gewalt einzusetzen und damit Kollateralschäden zu verursachen. Urbane Umfelder bieten weitere Vorteile: Die große Zahl von Menschen auf kleinem Raum mit gut ausgebauter Infrastruktur ermöglicht es, „Politik zu machen", d.h. die Bevölkerung für eigene Zwecke zu gewinnen. Menschen, die beispielsweise demonstrieren oder irreguläre Kräfte unterstützen, behindern nicht nur die Operationsführung. Enorme Kollateralopfer und -schäden können provoziert und inszeniert werden, um die Operationsführung der westlichen Streitkräfte in der Weltöffentlichkeit zu delegitimieren.

- Gegner werden die ggf. geringe Unterstützung, welche die Bevölkerungen in den Entsendestaaten für militärische Einsätze zum Ausdruck bringen, ausnutzen und diese durch gezielt herbei-

---

Die Bundeswehr und der Kleine Krieg im Kalten Krieg. In: Jahrbuch Innere Führung 2010. Die Grenzen des Militärischen, hrsg. von Helmut R. Hammerich, Uwe Hartmann und Claus von Rosen, Berlin 2010, S. 161-173. In den USA wird der Aufbau einer Gendarmerie auch vor diesem Hintergrund diskutiert.

geführte Opfer, auch auf Seiten der Soldaten, weiter zu untergraben versuchen.

- Über geschickt abgestimmte strategische Kommunikation, Informationsoperationen, psychologische Kriegführung und Internetattacken werden hybrid agierende Gegner gleichzeitig die Weltöffentlichkeit, die Bevölkerungen in den Entsendestaaten westlicher Truppen sowie die Truppen im Einsatzland selbst verunsichern, einschüchtern und in die Irre leiten.

Welche Folgerungen können daraus für die Vorbereitung eigener Kräfte gezogen werden?

- Militärische Führer benötigen eine hohe geistige Flexibilität sowie einen umfassenden Ausbildungs- und Bildungshintergrund. Sie müssen das Neue des jeweiligen Kontextes ihres Einsatzes erfassen und dabei die überregionalen Zusammenhänge jederzeit beachten. Um strategische und operative Rahmenbedingungen mitgestalten zu können, müssen sie die politischen Ziele, die im Einsatzgebiet erreicht werden sollen, umfassend verstehen. Dies ist die Grundlage dafür, dass sie ihre wesentlichen Leistungen von der gewünschten Wirkung her analysieren und auch mit Nachdruck in der Beratung der strategischen Führungsebene vertreten können.

- Die Fähigkeit, Komplexität auszuhalten und gleichzeitig die Komplexität für den Gegner zu erhöhen, muss auf immer niedrigeren Führungsebenen vorhanden sein. Dafür müssen die Führungsprozesse ebenso wie die Führungs- und Informationsmittel angepasst werden.

- Der Schutz eigener Soldaten wird wahrscheinlich eine geringere Rolle spielen als in Stabilisierungsoperationen, gleichwohl nicht unbedeutend sein. Dies gilt zumindest für die Anfangsphase einer militärischen Operation von Landstreitkräften unter hybrider Bedrohung. Wenn Eingreifkräfte wie die VJTF schnell vor Ort sind, um eine Destabilisierung eines Staates zu verhindern, werden größere Gefechte eher unwahrscheinlich sein. Im Mittelpunkt würde wahrscheinlich der langfristige bewaffnete Kampf gegen irregulär operierende Kräfte stehen. Dafür sind geschützte Fahrzeuge und sichere Infrastruktur ebenso erforderlich wie eine enge Zusammenarbeit mit Spezialkräften und Geheimdiensten sowie ein von den Soldaten als verlässlich wahrgenommener Rechtsschutz.

- Der einzelne Soldat wird mit auf ihn abgestimmter Desinformation und Propaganda konfrontiert werden. Seine Widerstandsfähigkeit dagegen muss gestärkt werden. Die Truppeninformation wird damit zu einer zentralen Führungsaufgabe auf allen Ebenen, gerade auch während eines Einsatzes.

- Die militärische Befähigung zur zivil-militärischen Zusammenarbeit sollte weiter gestärkt und auf neue Aufgabenfelder erweitert werden. Bei hybriden Bedrohungen kommt es wie in der Aufstandsbekämpfung (*Counterinsurgency, COIN*[85]) darauf an, die einheimische Bevölkerung zu schützen sowie die staatlichen und gesellschaftlichen Institutionen auf- und auszubauen. Dazu sind Experten auszubilden, die über die Kooperation mit dem gesamten Spektrum ziviler Partner sowie über das notwendige Strukturwissen über Politik, Gesellschaft und Militär verfügen. Darüber hinaus sollte der Auftrag von Streitkräften, in einem Einsatzgebiet zivile Partner zu unterstützen, Infrastruktur zu schützen und beim Auf- und Ausbau des Sicherheitssektors zu helfen, auch in der Ausbildung stärker betont werden. Die dazu ggf. erforderliche Zusammenarbeit mit der eigenen Polizeien sowie dem Technischem Hilfswerk (THW) und der Feuerwehr hat Auswirkungen auf Beschaffungsvorhaben wie beispielsweise bei den Führungs- und Kommunikationsmitteln, auf Führungsgrundsätze, auf Bildung und Ausbildung sowie auf das soldatische Selbstverständnis.

- Bereits die Kriege im Irak und in Afghanistan haben die Bedeutung von Spezialkräften und spezialisierten Kräften unterstrichen. Auch bei hybriden Bedrohungen kommt es darauf an, diese schnell gegen irreguläre Kräfte zum Einsatz zu bringen, bevor diese Hebel zur Destabilisierung von Staat und Gesellschaft ansetzen können.

---

[85] Siehe dazu grundlegend Jéronimo L.S. Barbin, Imperialkriegführung im 21. Jahrhundert, Berlin 2015 sowie Douglas Porch, Counterinsurgency. Exposing the Myths of the New Way of War, Cambridge 2013.

Hybride Kriegführung ist ein neuer Trend moderner Kriegführung. Sie ist keine Eintagsfliege; sie verfügt vielmehr über enormes, bisher noch nicht ausgeschöpftes Potential. Konventionell ausgetragene Konflikte werden damit allerdings nicht ausgeschlossen. Dies hat Auswirkungen auf die Streitkräfteplanung. Eine Optimierung für ein bestimmtes Szenar oder für bestimmte Operationsarten sollte vermieden werden. Die Nützlichkeit („*utility*“) technologisch überlegener westlicher Streitkräfte ist bei hybriden Bedrohungen weiterhin gegeben, aber deutlich begrenzt. Zivile Mittel müssen hinzutreten, da sie oftmals effektiver und effizienter sind, um eine hybride Bedrohung abzuwenden und eigene politische Ziele zu erreichen. Streitkräfte sollten hierbei unterstützen und in der Lage sein, ggf. zeitlich begrenzt selbst Maßnahmen durchzuführen. Dazu ist eine systematisch erarbeitete und kontinuierlich weiterentwickelte Strategie unverzichtbar.

Im Folgenden soll untersucht werden, welche Bedeutung die Innere Führung im Zusammenhang mit der Bedrohung durch hybride Kriegführung spielt. Meine These ist, dass die Innere Führung, wie sie in den 50er Jahren durch Wolf Graf von Baudissin und seine Mitarbeiter konzipiert wurde, dafür viel zu bieten hat. Sie muss allerdings aus der Enge ihres gegenwärtig dominierenden Verständnisses als „Menschenführung“ befreit werden. Innere Führung ist vielmehr eine Führungsphilosophie, die unter dem Eindruck eines

„permanenten Bürgerkrieges" erarbeitet wurde, in der die Motivation, Integration und Legitimation strategisch auf die Frage ausgerichtet wurde, wie die „Schlagkraft" des Soldaten gesteigert werden konnte, um in dem damaligen Kalten Krieg, der zwar zu einem auch mit atomaren Waffen geführten Konflikt eskalieren konnte, in dem aber auch irreguläre bzw. nicht-konventionelle Mittel angewandt wurden, zu bestehen.

Im nächsten Kapitel werden erste Hinweise auf ein neues Verständnis von Innerer Führung unter den Bedingungen hybrider Bedrohungen erarbeitet.

II Innere Führung und hybride Kriegführung

Um die Innere Führung ist es seltsam ruhig geworden. Viele Angehörige der Bundeswehr kennen diese Führungsphilosophie und sind mit ihr insgesamt zufrieden.[86] Kritik kommt eher von jüngeren Soldaten und Soldatinnen. Sie werfen der Inneren Führung vor, sie böte zu wenig Orientierung für Gefechte und beruhe auf Voraussetzungen, welche die deutsche Gesellschaft und wohl auch die Politik derzeit nicht erfüllten.[87] Ganz oben auf der politischen Agenda steht dagegen die Steigerung der Attraktivität des Soldatenberufs vor allem durch bessere Bezahlung, gute Führung und modern ausgestattete Unterkünfte. Angesichts eines rasanten demographischen Wandels könnten die Streitkräfte nur so ausreichend qualifiziertes Personal werben.

Der Vorwurf, die Innere Führung sei ein Instrument zur Verweichlichung des Soldaten statt zu seiner Vorbereitung auf Krieg und Kampf, ist so alt wie die Innere Führung selbst. Gerade vor dem Hintergrund der letzten Jahre des ISAF-Einsatzes, in denen auch deutsche Soldaten zu-

---

[86] Angelika Dörfler-Dierken/Robert Kramer, Innere Führung in Zahlen. Streitkräftebefragung 2013, Berlin 2014.
[87] Siehe zuletzt Marcel Bohnert, Lukas J. Reitstetter (Hrsg.), Armee im Aufbruch. Zur Gedankenwelt junger Offiziere in den Kampftruppen der Bundeswehr, Berlin 2014.

nehmend in Gefechte verwickelt wurden, gewann diese Kritik für viele an Plausibilität. Manche Kritiker nicht nur aus den Reihen der Bundeswehrangehörigen forderten, sie müsste durch das Konzept des „professionellen Kämpfers" ersetzt werden.[88] Die Motivation zum Kämpfen sollte aus der eigenen Subkultur der soldatischen Gemeinschaft generiert werden, da eine Gesellschaft, die sicherheitspolitische Debatten meidet, die Kampfeinsätze ablehnt und Soldaten mit Einsatzerfahrung die Wertschätzung verweigert, dafür kein geeigneter Referenzrahmen sei. Die Kritik am Konzept des Staatsbürgers in Uniform gipfelte in der Forderung, dass die Markenzeichen der Inneren Führung und ihres Integrationsgebots, wie beispielsweise das Militärgeschichtliche Forschungsamt, das Sozialwissenschaftliche Institut und die beiden Universitäten der Bundeswehr, schließen sollten.[89]

Kritik an der Inneren Führung ist ernst zu nehmen und sollte für ihre Weiterentwicklung

---

[88] Siehe dazu den Beitrag von Jan-Philipp Birkhoff, Führen trotz Auftrag. Zur Rolle des militärischen Führers in der postheroischen Gesellschaft. In: Marcel Bohnert, Lukas J. Reitstetter (Hrsg.), Armee im Aufbruch. Zur Gedankenwelt junger Offiziere in den Kampftruppen der Bundeswehr, Berlin 2014, S. 105-128. Der Artikel wurde auch in der Zeitschrift loyal 1/15, S. 20-23 unter der Überschrift "ausgedient" abgedruckt. Eine Abkehr vom "Staatsbürger in Uniform" fordert auch Jochen Bohn, Der Nachfolger des Staatsbürgers in Uniform. Annäherungen an einen Soldaten jenseits bürgerlicher Funktionalität. In: Uwe Hartmann, Claus von Rosen (Hrsg.), Jahrbuch Innere Führung 2014, S. 266-284.
[89] Bohn, a.a.O., S. 281

66

jederzeit willkommen sein. Dies gilt erst recht, wenn sie von denjenigen vorgebracht wird, die als künftige Vorgesetzte die Innere Führung vorleben sollen, wie beispielsweise den jungen Offizieren und Offizieranwärtern/-innen im Studium. Sie sollte vor allem von älteren Offizieren nicht leichtfertig abgetan werden, indem sie ihr eigenes Selbstverständnis als Staatsbürger in Uniform beschwören[90], kritische Aussagen als „Gefühlsausbrüche" und Ausdruck von Orientierungslosigkeit abwerten, eine geistige „Ausrichtung" fordern[91] oder sogar eine Beendigung des Dienstverhältnisses anraten.[92] Die Stärke der Inneren Führung war es immer gewesen, Konsens in Fragen des soldatischen Selbstverständnisses durch partnerschaftliche Gespräche zu erreichen oder nicht aufhebbare Spannungen durch kameradschaftliche Gesprächsbereitschaft auszuhalten. Statt übereinander zu reden, gilt auch heute der kommunikationsethische Grundsatz: Zuerst miteinander reden!

Gespräche sind nicht nur das Mittel der Wahl für Konflikte und Kontroversen innerhalb der Streitkräfte, sondern auch für den Umgang von Staatsbürgern mit und ohne Uniform. Ein kürzlich von Gustav Lünenborg veröffentlichtes Buch

---

90 Siehe dazu die Leserbriefe zu dem Beitrag von Jan-Philipp Birkhoff in loyal 2/15, S. 16-17.

91 Siehe den Beitrag "Von wegen ausgedient" von Generalmajor Weigt in der IF Nr. 2/2015, S. 4.

92 Siehe dazu einen Leserbriefe zu dem Beitrag von Jan-Philipp Birkhoff in loyal 2/15, S. 17: "Herr Birkhoff sollte sich bei 'Black Water' bewerben, in der Bundeswehr jedenfalls ist er falsch."

über sein Engagement als Soldat in der Bundeswehr von 1956 bis 1993 und als Pensionär danach ist ein gutes Beispiel für den Elan, mit dem Offiziere früher auf die Gesellschaft zugegangen sind und sich in die öffentlichen und bundeswehrinternen Debatten eingebracht haben. Heute dagegen ist die Diskurskultur zwischen Soldaten und Mitbürgern, ja sogar innerhalb der Streitkräfte auf einem erschreckend niedrigen Niveau. Dafür mag es gute Gründe geben.[93] Diese Zustandsbeschreibung zeigt indessen auf, wie weit sich die Bundeswehr von den Erwartungen und Grundsätzen der Inneren Führung entfernt hat. Der Dialog mit gesellschaftlichen Gruppen wird heute wesentlich durch Presseabteilungen sowie die Akademie für Information und Kommunikation[94] wahrgenommen. Die Soldaten selbst sind nur noch eine Randgröße, die aus professioneller Sicht schnell zur Störgröße werden kann. Sie haben diese Entmündigung als Staatbürger vielleicht auch nur zu bereitwillig akzeptiert.[95]

---

[93] Gustav Lünenborg, Bürger und Soldat. Innere Führung hautnah 1956-1993; 1993-2015, Berlin 2015. Vgl. Gesprächskultur innerhalb der Bundeswehr siehe auch Thomas Wiegold, Journalismus über Militär und Krieg im digitalen Zeitalter. In: Reader Sicherheitspolitik, I/2015.

[94] Seit 1. Dezember 2014 Zentrum für die Informationsarbeit der Bundeswehr.

[95] Am *US Army War College* in *Carlisle* ist das Halten eines öffentlichen Vortrags Voraussetzung für den erfolgreichen Abschluss der Ausbildung und den Erwerb des Master-Zeugnisses.

Die „Professionalisierung" des Dialogs hat auch die Beziehungen zwischen der politischen Klasse und der militärischen Elite erreicht. Eine Beteiligung von Generalen und Admiralen an der sicherheitspolitischen Debatte ist kaum wahrnehmbar und vielleicht vom Auftraggeber Politik auch nicht gewünscht. Dass darunter die Erarbeitung und Umsetzung von Strategien leidet, haben der Historiker Klaus Naumann sowie der ehemalige Bundestagsabgeordnete Winfried Nachtwei in ihren klugen Analysen herausgearbeitet.[96]

Auch die aktuellen Bestandsaufnahmen zur Praxis der vernetzten Sicherheit weisen auf Mängel hin. Die Bilanz für den Einsatz in Afghanistan ist bestenfalls durchwachsen.[97] Dabei ist nicht so sehr das Militär der Bremsschuh. Die Innere Führung mit ihrem Integrations- und Kooperationsgebot sowie der politischen Bildung von Soldaten

---

[96] Siehe dazu Klaus Naumann, Einsatz ohne Ziel? Zur Politikbedürftigkeit des Militärischen, Hamburg 2008; Winfried Nachtwei, diverse Beiträge auf wwwm.nachtwei.de

[97] Fouzieh Melanie Alamir, Vernetzte Sicherheit – Quo Vadis?, Berlin 2015; Bundesregierung, Fortschrittsbericht Afghanistan 2014 einschließlich einer Zwischenbilanz des Afghanistan-Engagements, verfasst vom Sonderbeauftragten der Bundesregierung für Afghanistan und Pakistan, Dr. Michael Koch
http://www.auswaertiges-amt.de/cae/servlet/contentblob/691670/publicationFile/199511/141119-Fortschrittsbericht_AFG_2014.pdf)
(aufgerufen 5. Mai 2015).

bietet ja auch beste Voraussetzungen für die Implementierung einer vernetzten Sicherheitspolitik.[98]

Vor dem Hintergrund dieser Defizite lohnt sich eine Beschäftigung mit den Anfängen der Inneren Führung, insbesondere mit den frühen Arbeiten ihres maßgeblichen Begründers Wolf Graf von Baudissin. Was war damals der eigentliche Zweck der Inneren Führung, wie sollte ihre Praxis aussehen, und was können wir daraus für den Umgang mit den neuen Herausforderungen durch hybride Bedrohungen lernen?

Glücklicherweise liegen Baudissins zahlreiche Schriften und Vorträge in gebündelter Form vor.[99] Auch das 1957 herausgegebene „Handbuch Innere Führung", von dem so manche jüngere Offiziere sagen, es sei für sie aussagekräftiger als die aktuell gültige Vorschrift zur Inneren Führung, hilft, den damaligen Gedankenkreis von Innerer Führung zu verstehen. Zudem gibt es mehrere wissenschaftliche Veröffentlichungen über Baudissin

---

[98] Uwe Hartmann, Innere Führung als ein Garant vernetzter Sicherheit. in: Reader Sicherheitspolitik, 11/2008; ders., Innere Führung in der Krise? Thesen zur Weiterentwicklung der Führungsphilosophie für die Bundeswehr. In: Jahrbuch Innere Führung 2011. Ethik als geistige Rüstung für Soldaten, hsrg. von Uwe Hartmann, Claus von Rosen, Christian Walther, Berlin 2011, S. 306 und 318.
[99] Wolf Graf von Baudissin, Grundwert Frieden in Politik – Strategie – Führung von Streitkräften, hsrg. von Claus von Rosen, Berlin 2014.

und die Innere Führung in der Konzeptions- und Aufbauphase der Bundeswehr.[100]

Der strategische Kern der Inneren Führung – ein Blick zurück in ihre Entstehungsphase

Als die Reformer um Wolf Graf von Baudissin zu Beginn der 50er Jahre des letzten Jahrhunderts deren Grundsätze erarbeiteten, begannen sie mit einer Analyse des Kriegsbildes. Daraus zogen sie Schlussfolgerungen für die Legitimation des militärischen Dienstes, die Stellung der Streitkräfte in Politik und Gesellschaft, die Motivation der Soldaten sowie die Innere Ordnung der Truppe.

Die Orientierung der konzeptionellen Arbeiten am Kriegsbild sei an dieser Stelle noch einmal betont. Am Anfang der Inneren Führung stand also nicht die Demokratieverträglichkeit der neuen deutschen Streitkräfte oder ihr Beitrag zur weiteren Demokratisierung des damals noch jungen westdeutschen Staates. Die Innere Führung setzte sich zunächst mit der Frage auseinander, wie das Kriegsbild seit 1945 sich verändert hatte und welche Anforderungen daraus an Politik, Gesellschaft und Militär erwuchsen. Angesichts der vielfältigen Möglichkeiten, ein Kriegsbild für außen-, gesellschafts- und rüstungspolitische Ziele zu instru-

---

[100] Handbuch Innere Führung, hrsg. vom Bundesministerium der Verteidigung, 5. unveränderte Auflage, Bonn 1970; Angelika Doerfler-Dierken, Wolf Graf von Baudissin. Als Mensch hinter Waffen, Göttingen 2006; Frank Nägler, Der gewollte Soldat und sein Wandel, München 2010.

mentalisieren, verstanden sich Baudissin und seine Mitarbeiter als gewissermaßen unabhängige und unbefangene Analysten der sicherheitspolitischen Lage in Europa.

Übergeordneter Zweck war die „Schlagkraft" der Bundeswehr. Das „Handbuch Innere Führung" formulierte prägnant: „In unserer Situation des Neuaufbaues von Streitkräften lautet die einzig legitime Frage: Wie kann die deutsche Bundeswehr in der Mitte des 20. Jahrhunderts zu einem Instrument von höchster Schlagkraft gestaltet werden?"[101] Schlagkraft durfte allerdings nicht allein auf den bewaffneten Kampf, auf Gefechte und Schlachten, beschränkt werden. Der Soldat müsste auch „geistig gerüstet" sein, um in dem auch mit anderen als militärischen Mitteln geführten Kalten Krieg bestehen zu können. Hieraus resultierte die innovative Synthese von harter militärischer Ausbildung und soldatischer Erziehung zu Selbständigkeit mit politischer Bildung, von soldatischen Tugenden mit gesellschaftlicher Integration, von Disziplin und Gehorsam mit dem Primat des Gewissens und einer politisch-ethischen Legitimation des Dienstes.

„Höchste Schlagkraft" ist kein Begriff, aus dem man Anforderungen an Streitkräfte und ihre Soldatinnen und Soldaten allgemeingültig ableiten könnte. Das, was Schlagkraft bedeutet, muss immer wieder neu verstanden werden. Krieg hat

---

[101] Handbuch Innere Führung, a.a.O., S. 17.

72

zwar eine zeitunabhängige Natur, die tunlichst beachtet werden sollte. Dass der Soldat unter widrigen und erschwerten Bedingungen handeln und kämpfen muss, ist eine aus der Natur des Krieges resultierende Notwendigkeit. Das Erscheinungsbild von Krieg ist jedoch höchst variabel und abhängig von der immer neuen und anderen Ausgestaltung des historischen Beziehungsgeflechts von Politik, Gesellschaft und Militär. Diese Variabilität gilt sowohl für die eigene als auch für die gegnerische Seite. Daher ist das Kriegsbild in ständiger Bewegung und damit Veränderung. In diesem dynamischen Umfeld ändert sich auch das Verständnis von Schlagkraft. So gab es selbst in der rund 40jährigen Geschichte des relativ statischen Kalten Krieges scharfe Kontroversen und daraus resultierende Veränderungen im Verständnis von Schlagkraft.[102]

Das Kriegsbild in der Anfangsphase des Kalten Krieges

Wie beschrieben Baudissin und seine Mitstreiter das Kriegsbild in der Anfangsphase des Kalten Krieges? In den Mittelpunkt ihrer Analyse stellten sie den Begriff des „permanenten Bürgerkriegs". Baudissin schrieb dazu: „Die Bedrohung der Menschheit durch ein Lebensprinzip, das alle personalen Werte leugnet und vom einzelnen bedingungslose Unterwerfung fordert, ist zu einer Aus-

---

[102] Siehe dazu Helmut R. Hammerich u.a., Das Heer 1950 bis 1970. Konzeption, Organisation, Aufstellung, München 2006.

einandersetzung ohne Grenzen in Raum und Zeit geworden, die den einzelnen zur Entscheidung fordert und in der geistige Neutralität bereits zur Unterstützung der Gegenseite wird. Der Feind richtet seinen Angriff auf den einzelnen. Mit meisterhafter Beherrschung der Propaganda, im Spiel aller Register von der frechen Drohung bis zu einschläfernder Beruhigung, von der sozialen Zersetzung bis zum Appell an das Nationalgefühl, durch Verkehrung aller Begriffe versucht er den einzelnen in die Unterwerfung zu zwingen, lange bevor er daran denkt, Gewalt anzuwenden. Erst wenn ihm die gegnerische Front genügend geschwächt und unterminiert erscheint, wird er bereit sein, bei gegebenen Umständen auch zu den Waffen zu greifen."[103] Baudissin betonte damit den zeitlich und regional entgrenzten politisch-ideologischen Charakter moderner Konflikte, die gleichwohl ihre Ziele in Herz und Verstand der Soldaten fänden. Kampf und Gefecht seien „... nur noch ein Teil einer auf allen Gebieten angreifenden geistigen Kampfführung, die keine grundsätzlichen Unterschiede zwischen Krieg und Frieden kennt."[104] Er arbeitete klar die politische Absicht des damaligen Gegners heraus: Die Schwächung der Demokratien des Westens, ihrer Bündnisse und Streitkräfte, letztlich ihrer Staatsbürger mit und ohne Uniform vor allem durch innere

---

[103] Wolf Graf von Baudissin, Grundwert Frieden in Politik – Strategie – Führung von Streitkräften, a.a.O., S. 155f.
[104] Ebd., S. 170

Spaltungen. Diese Strategie sei indirekt, da es darum ginge, „... den Gegner auch ohne direkten Waffengebrauch zum Nachgeben und schließlich in die Unterwerfung zu zwingen."[105]

Diese klare Beschreibung des Charakters des Kalten Krieges verdeutlicht, dass er seinem ganzen Wesen nach hybrid war. Während an den Frontlinien der geteilten Welt und insbesondere an der innerdeutschen Grenze moderne Streitkräfte ein bisher nicht dagewesenes Bedrohungspotential aufbauten, fand der entscheidende Wettlauf auf dem Gebiet der „geistigen Rüstung" der Menschen statt. Gräben und Brüche zwischen und innerhalb von Politik, Gesellschaft und Militär stellten genauso wie die Gleichgültigkeit der Staatsbürger einen Wettbewerbsnachteil dar. An diese Schwachstellen setzten die gegnerischen Angriffe an. Entscheidend für deren erfolgreiche Abwehr waren auf einem gemeinsamen Wertefundament basierende Geschlossenheit und Handlungsstärke. Folgerichtig durfte die Bundeswehr kein Staat im Staate sein; das Primat der Politik musste sichergestellt werden, ohne auf die Beratung durch militärische Führer und die Beteiligung von Soldaten an öffentlichen Debatten zu verzichten; die Gesellschaft musste von der Verteidigungswürdigkeit ihres Staates überzeugt sein; und der Soldat sollte die Freiheiten und Grund-

---

[105] Wolf Graf von Baudissin, Grundwert Frieden in Politik – Strategie – Führung von Streitkräften, a.a.O., S. 269

rechte so weit wie möglich auch im militärischen Dienst erleben. Nur so konnten die Staatsbürger mit und ohne Uniform gewappnet werden, um den ideologischen Versuchungen und propagandistischen Angriffen zu widerstehen.

Das Kriegsbild des permanenten Bürgerkriegs als Referenzrahmen verdeutlicht, dass die Innere Führung einen strategischen Kern besaß. Ihr übergeordneter politischer Zweck lautete: In dem ideologischen Konflikt zwischen Ost und West die eigene Lebensform und deren Werte zu behaupten, einen Krieg durch Verteidigungsbereitschaft zu verhindern und dadurch Politik, Wirtschaft und Gesellschaft Handlungsoptionen und Freiräume für die weitere Demokratisierung und Prosperität zu schaffen – nicht zuletzt auch deshalb, um die Überlegenheit der eigenen Lebensform in der Weltöffentlichkeit nachzuweisen. Das „scharfe Schwert" des Westens waren auch die Werte, nicht nur die Waffen.

Aus diesem strategischen Kern heraus wendet sich die Innere Führung auch an den Einzelnen und gibt ihm Hinweise für seine Weiterbildung und Persönlichkeitsentwicklung: Sie belehrt beispielsweise die Vorgesetzten über einschlägige Grundsätze für die Menschenführung und Organisationsentwicklung in der Bundeswehr; sie nimmt den Einzelnen in eine staatsbürgerliche Verantwortung; und sie stellt klare Forderungen an die Ausgestaltung der wunderlichen Dreifaltigkeit von Politik, Gesellschaft und Streitkräfte.

76

Dabei grenzt sie sich von allen totalitären Ideologien durch ein striktes kommunikationsethisches Gebot ab: Gespräche über das staatsbürgerliche und soldatische Selbstverständnis dienen der Vermittlung und Versöhnung, um in den zahlreichen gesellschaftspolitischen und innermilitärischen Kontroversen einen „hermeneutischen Bürgerkrieg" über das richtige Verständnis zu vermeiden.[106]

Deutlich wird hier das damals stark ausgeprägte Bewusstsein über die allgegenwärtige Gefahr eines Krieges. Die linksliberale Wende im Verständnis der Inneren Führung in den 70er Jahren, deren Schwerpunkt die Demokratieverträglichkeit des Militärs für die weitere Demokratisierung der Bundesrepublik Deutschland war und die zu enormen internen Kontroversen und Vertrauensbrüchen führte, war dagegen Ausdruck dafür, dass die Gefahren eines möglichen heißen Krieges als auch des stattfindenden Kalten Krieges deutlich an Relevanz verloren hatten.

Aufgrund dieses strategischen Kerns der Inneren Führung war es folgerichtig, dass Wolf Graf von Baudissin nach seinem Ausscheiden aus dem aktiven Dienst der Bundeswehr sich in der Sicherheitspolitik engagierte. Er bereicherte die damals intensiv geführte sicherheitspolitische Debatte mit

---

[106] Siehe dazu Uwe Hartmann, Die Innere Führung in der Krise? Thesen zur Weiterentwicklung der Führungsphilosophie für die Bundeswehr. In: Jahrbuch Innere Führung 2011, Berlin 2011, S. 306.

zentralen Begriffen aus der Gedankenwelt der Inneren Führung wie beispielsweise dem Frieden als oberstem Leitbegriff und der Kooperation als dem – neben der gesicherten Verteidigungsfähigkeit – zentralen Weg dorthin.[107]

Kalter Krieg 2.0?

Heute scheint die Welt erneut in eine Art „permanenten Bürgerkrieg" zu geraten. Dieser wäre allerdings keine Neuauflage des Originals. Es gibt nicht die weltumspannende ideologische Auseinandersetzung zwischen zwei Blöcken, sondern vielfältige Konflikte in einer Weltordnung, die zwischen uni- und multipolar changiert.

So ist das Geschehen in der Ukraine ein regionaler, kein globaler Konflikt. Debalzewo ist kein zweites Berlin oder Kuba, bei dem vitale US-amerikanische bzw. westliche Interessen auf dem Spiel stünden. Daher halten sich die USA eher zurück; Deutschland als Mittelmacht soll eine größere Rolle wahrnehmen, was der deutschen Politik und Gesellschaft jedoch schwerfällt. Die NATO reagiert, muss dabei aber eine Balance herstellen zwischen den divergierenden Interessen ihrer Mitgliedsstaaten, insbesondere zwischen den ost- und südeuropäischen Ländern.

Der Ukraine-Konflikt ist zudem nicht die einzige, vielleicht auch nicht die wichtigste Krise auf

---

[107] Wolf Graf von Baudissin, Grundwert Frieden, a.a.O..

78

der Welt. Andere Krisenherde köcheln ebenfalls oder kochen von Zeit zu Zeit hoch, sei es Chinas aggressive Wirtschaftspolitik, Irans atomare Aspirationen, der islamistische Terror oder der Aufbau und die überregionale Vernetzung des IS.[108] Angesichts dieser Krisenvielfalt ist Russland weiterhin an einer Zusammenarbeit mit dem Westen interessiert. Dies steht so auch in der neuen russischen Militärdoktrin.[109]

Gleichwohl hat der gegenwärtige Konflikt zwischen dem Westen und Russland wie im Kalten Krieg eine stark ausgeprägte ideologische Dimension. Es geht um Werte. Russland sieht die weitere Verbreitung der westlichen Werte als Bedrohung seiner vitalen Interessen. Sein Vorgehen in der Ukraine ist gewissermaßen eine „asymmetrische Antwort auf die asymmetrische Bedrohung der Soft Power" des Westens.[110] Die Wirkungsmacht von *Soft Power* hat Russland beim Niedergang der Sowjetunion erlebt.

Einige Analysten sehen Russland in einer „Integrationskonkurrenz" mit der EU. Als klar wurde, dass die Attraktivität der EU für die Ukraine höher war als das russische Alternativprojekt einer

---

[108] Günther Hellmann, Eine neuer Kalter Krieg? Russland, die Nato und der Regionalkonflikt in der Ukraine. In: BMVg, Reader Sicherheitspolitik 3/2015, S. 2.
[109] In der neuen russischen Militärstrategie wird hierfür vor allem die Terrorabwehr angeführt. Siehe Margarete Klein, Russlands neue Militärdoktrin, SWP-Aktuell 12, Februar 2015, S. 3.
[110] Ebd., S. 6

Eurasischen Union, reagierte die russische Regierung. Die Planungen dafür begannen wahrscheinlich schon vor vielen Jahren. Dabei mag bei Präsident Putin neben psychologischen Gründen aufgrund fehlender persönlicher Anerkennung und Wertschätzung auch ein innenpolitisches Machtkalkül eine Rolle gespielt haben: „Erstens geht es dem Kreml darum, in seiner Nachbarschaft den Präzedenzfall eines erfolgreichen Regimewechsels von unten zu verhindern. Schließlich sah sich die russische Führung Ende 2011 selbst Massenprotesten ausgesetzt. Zweitens nutzt Putin ganz bewusst Nationalismus, Patriotismus und Abgrenzung vom liberalen Westen, um seine Herrschaft zu legitimieren.“[111]

Das Schüren und Einfrieren von Konflikten in der unmittelbaren Nachbarschaft ist ein bewährtes Mittel, um eine Infiltration nicht erwünschter Werte und Güter zu unterbinden.[112] Konflikte wirken wie Brandschneisen, die das Überspringen eines Feuers von Baumkrone zu Baumkrone verhindern. Sie funktionieren unabhängig davon, ob es sich um unerwünschte freiheitlich-demokratische Werte oder islamistische Ideologien handelt.

---

[111] Siehe Margarete Klein, Mit dem Kopf durch die Wand, a.a.O., S. 44; diess., Russlands neue Militärdoktrin, SWP-Aktuell 12, Februar 2015, S. 3.
[112] Zum eingefrorenen Konflikt zwischen Armenien und Aserbaidschan siehe http://www.heise.de/tp/artikel/44/44779/1.html..

Neben dem Wettbewerb der Werte gibt es noch eine weitere wichtige Gemeinsamkeit im damaligen sowjetischen und heutigen russischen Handeln. Dies ist die mehrdimensionale und offensive Propaganda gegen die westlichen Gesellschaften. Russland greift dazu auf die modernen Medien ebenso wie auf die orthodoxe Kirche oder politische Bewegungen, die im Sinne russischer Interessen agieren, zurück. Es nutzt – wie im Kalten Krieg – die Freiheiten der offenen westlichen Gesellschaften aus, um die Menschen zu beeinflussen. Globalisierung und moderne Informationstechnologien bieten dazu vielfältige, neue Interventionsmöglichkeiten. Ideen und Informationen werden also weitaus intensiver als jemals zuvor als „geistige Waffen" eingesetzt. Vorrangiges Ziel ist die Schwächung der politischen Entscheidungsprozesse westlicher Staaten vor allem in deren Krisen- und Konfliktmanagement. Übergeordneter Zweck ist die globale Relativierung der Werte von Recht und Freiheit, das Säen von Zwietracht in Partnerschaften und Bündnissen sowie die Spaltung von Gesellschaften und die Verunsicherung ihrer Bürger und Bürgerinnen.[113]

Im globalen Systemwettbewerb bestand die Stärke des Westens in den Werten der Aufklärung. „Habe Mut, Dich Deines eigenen Verstandes zu bedienen", so forderte der Königsberger Philo-

---

[113] Zur systematischen Verwundbarkeit westlicher Gesellschaften siehe Claudia Major, Christian Mölling, Eine hybride Sicherheitspolitik für Europa, SWP aktuell 31, Berlin April 2015.

soph Immanuel Kant die Menschen vor über 200
Jahren auf. Dahinter stand die Idee der einen
Wahrheit. Rund 150 Jahre später wiesen die Philo-
sophen Max Horkheimer und Theodor W. Adorno auf die „Dialektik der Aufklärung" hin.[114] Wissenschaften als systematische Suche nach Wahrheit könnten auch für böse Zwecke wie Genozide
oder die ideologische Verführung der Massen
missbraucht werden. Heute versucht die hybride
Kriegführung, die Idee der Wahrheit zu zerstören:
Informationen werden im weltweiten Netz so
manipuliert, dass Wahrheit nicht mehr als gemein-
samer Orientierungspunkt dient, sondern in nebu-
löser Meinungsvielfalt entschwindet. Sie nutzt aus,
dass junge Menschen kaum mehr zwischen realer
und digitaler Welt unterscheiden. Als Grundlage
für Geschlossenheit und gemeinsames Handeln
erscheint Wahrheit immer weniger verlässlich zu
sein. Die Geschichte bietet zahlreiche Beispiele
dafür, dass Demokratien enorme Schwierigkeiten
haben, ihre Bürger und Bürgerinnen für kriegeri-
sche Auseinandersetzungen zu mobilisieren, wenn
es beispielsweise keine klar erkennbaren feindseli-
gen Akte gibt.

Damit greift Russland auf das zurück, was bereits im Kalten Krieg recht erfolgreich war und
nun durch moderne Kommunikationsmittel breit
gestreut und gleichzeitig auf bestimmte Wahr-

---

[114] Max Horkheimer, Theodor W. Adorno, Dialektik der Aufklärung, Frankfurt/M. 1988.

nehmungsgruppen eng zugeschnitten werden kann: Die lähmende Wirkung widersprüchlicher Informationen und Analysen, um die Handlungsfähigkeit westlicher Politik und Gesellschaften zu untergraben.[115]

Wie im Kalten Krieg baut Russland dazu strategische Partnerschaften auf. Es sind allerdings nicht nur Staaten wie damals Kuba oder Angola, sondern auch nichtstaatliche Akteure, die genutzt werden, um Regierungen anderer Staaten anzugreifen oder zumindest zu lähmen, um deren Legitimation in Frage zu stellen und ihre Handlungsunfähigkeit zu demonstrieren. Der geschickte Einsatz dieser Mittel ermöglicht sogar, Interessen unterhalb der Schwelle von konventionellem Krieg zumindest bei begrenzten strategischen Zielen durchzusetzen.

Die Gefahren, die wir heute erleben, hatte bereits Baudissin in der Anfangsphase des Kalten Kriegs herausdestilliert. Schon damals stellte er die psychologische Kriegführung in den Mittelpunkt seines Kriegsbildes. Das sowjetische Agieren beschrieb er wie folgt: „Mit den raffinierten Methoden der Meinungsbeeinflussung werden staatliche Souveränität und zwischenstaatlicher Verkehr ebenso 'unterwandert' wie die Gewissen der Menschen: Plötzlich sind Argumente zur Hand, die dem Fachmann ihre Herkunft aus den psychologi-

---

[115] Siehe dazu Sammi Sandawi, Hybrid Threats: The Shape of Wars to Come. In: Sicherheit & Frieden, 28. Jg. (2010), H. 3, S. 145-151.

schen Hexenkesseln politisch-ideologischen Kampfes verraten. Allgemeine Friedlosigkeit ist das Kennzeichnen dieser Auseinandersetzung, die auf allen Lebensgebieten ausgetragen wird."[116] Politik, Gesellschaft sowie der einzelne Mensch – dies waren und sind auch heute „Angriffsziele". Mit den modernen Informationstechnologien sind die Wirkungsmöglichkeiten staatlich gesteuerter „Meinungsbeeinflussung" jedoch deutlich gestiegen.

Ziel dieser Aktivitäten sei, so Baudissin, nicht allein die „Unterwanderung der Truppe", sondern Spaltungen in allen strategisch relevanten Bereichen. Im besten Fall würden gegnerische Bündnisse und Staaten handlungsunfähig. Sie könnten ihre politischen und materiellen Ressourcen nicht oder nur begrenzt und verspätet nutzen. Angesichts der technologischen Überlegenheit der NATO und ihrer gewaltigen Ressourcen war und ist diese indirekte Strategie mehr als nur eine bloß unterstützende Ergänzung zu einer konventionellen Kriegführung.

Gleichwohl zielte die psychologische Kriegführung auch auf die Streitkräfte der NATO-Mitgliedstaaten. Aber auch hier war der indirekte Weg erfolgversprechender. Die soziale Kohäsion, also das Band der Kameradschaft, war nicht leicht mit Mitteln der Propaganda zu durchdringen; erfolgversprechender schien es, den Soldaten durch

---

116 Handbuch Innere Führung, a.a.O., S. 35.

Gespräche mit seiner verunsicherten Familie oder seinen *Peers* zu zermürben.

Der Mensch steht im Mittelpunkt, so hieß das Credo der Inneren Führung von Anfang an. Er musste geschützt und gewappnet werden, denn die Waffen, die im Kalten Krieg zunächst und vorrangig zum Einsatz kamen, waren nicht auf seine physische Vernichtung, sondern auf seine „geistige Ermattung" ausgerichtet.

Die unverzichtbare „Schlagkraft" des Soldaten als Kämpfer in der Kleinen Kampfgemeinschaft war damit an Voraussetzungen gebunden. Er konnte Wirkung nur noch im Verbund mit anderen, vor allem mit Politik und Gesellschaft, erzielen. Zur Verdeutlichung formulierte Baudissin einen einprägsamen bildlichen Vergleich: „Der Kämpfende kann sich nur noch als Speerspitze verstehen, deren Stoßkraft wesentlich von der Wucht des langen Schaftes abhängt."[117]

Der Soldat muss also immer als Kämpfer, Staatsbürger und Mensch zugleich gesehen werden. Die Spannungsverhältnisse dieser inneren Trinität sind ein Kriegsschauplatz, auf dem vielfältige Mächte intervenieren. Innere Führung hilft dem Soldaten dabei, sich vor „Innerer Irreführung" vor allem durch die ideologische Propaganda eines Gegners zu schützen. Sie ist erforderlich vor, während und nach Krisen, Konflikten und Kriegen. Daher ist Innere Führung auch unver-

---

117 Baudissin, Grundwert Frieden, a.a.O., S. 169f.

zichtbar für die Truppenführung als Führung von Großverbänden im Gefecht. Andererseits besitzen Kommandeure eine besondere Verantwortung für die Weiterentwicklung dieser Führungsphilosophie.

Vor dem Hintergrund dieser umfassenden Bedrohungslage sind auch die damals entwickelten Konzepte der soldatischen Erziehung mit der Erlebnistherapie[118], der politischen und historischen Bildung sowie des Lebenskundlichen Unterrichts zu verstehen. Soldatische Erziehung sollte nicht nur die Selbständigkeit und Eigeninitiative fördern sowie vor menschenunwürdiger Behandlung und bürokratischer Erstarrung der Strukturen und Prozesse schützen[119], sondern auch die staatsbürgerlichen Überzeugungen und Tugenden stärken. Politische Bildung war nicht nur wegen seiner Integration in die demokratische Gesellschaft, sondern auch für die Steigerung seiner Widerstandskraft im zunächst und vor allem ideologisch geführten Konflikt erforderlich. Der Lebenskundliche Unterricht sollte die ethisch-moralische Urteilskraft des Soldaten, insbesondere von Vorgesetzten, stärken, damit sie gewissensgestärkt für Recht und Freiheit eintreten konnten.

---

[118] Zur Erlebnistherapie siehe Baudissin, Grundwert Frieden, a.a.O., S. 59, 78, 105, 431.
[119] Zum Erziehungsbegriff in der Bundeswehr siehe Uwe Hartmann, Innere Führung. Erfolge und Defizite der Führungsphilosophie für die Bundeswehr, Berlin 2007.

Schon früh zeigte sich, dass dieses aus der Analyse der sicherheitspolitischen Lage abgeleitete Verständnis von Erziehung und Bildung nicht erkannt, aber auch nicht akzeptiert wurde. Traditionalisten sahen darin eine Abkehr von einer harten militärischen Ausbildung, die unweigerlich zur Verweichlichung führen müsste[120]. Reformer verdrängten die unmittelbare Kopplung an das Kriegsbild; vor allem in den 70er und 80er Jahren des letzten Jahrhunderts verkürzten sie die Innere Führung zunehmend auf gesellschaftliche Integration und Demokratiekompatibilität als Selbstzweck.

Aus der strikten Orientierung am damaligen Kriegsbild sowie dem umfassenden Blick auf die doppelte Trinität von Politik, Gesellschaft und Streitkräfte bzw. Staatsbürger, Mensch und Soldat erwächst der strategische Gehalt der Inneren Führung. Sie ist keine bloße Vorschrift für schlichte gute Menschenführung in den Streitkräften, sondern eine übergreifende Strategie, um für den „permanenten Bürgerkrieg" gewappnet zu sein. Eine Armee als „Staat im Staate" war vor diesem Hintergrund genauso wenig förderlich für die Schlagkraft wie die Schikane von Soldaten in der militärischen Ausbildung. Positiv gewendet ist sie eine Strategie, um die Attraktivität der westlichen

---

[120] Hammerich, Helmut R., >>Kerniger Kommiss<< oder >>Weiche Welle<<? Baudissin und die kriegsnahe Ausbildung in der Bundeswehr. In: Rudolf J. Schlaffer, Wolfgang Schmidt (Hrsg.), Wolf Graf von Baudissin 1907-1993, München 2007, S. 127-137.

Werte und die ökonomische Prosperität des Westens voll in die Waagschale einbringen zu können – nicht nur für die eigenen Staatsbürger, sondern auch für die Menschen im damaligen sowjetischen Herrschaftsbereich. Innere Führung stärkte daher das Bewusstsein für die Vorzüge von Freiheit und Demokratie und gleichzeitig für die unterschiedlichen Formen der Unfreiheit und Aggressivität der anderen Seite. Sie war damit das deutsche Gegenstück zur US-amerikanischen Sicherheitsstrategie NSC 68, die 1948 die beiden Säulen der gesicherten Verteidigungsfähigkeit und der westlichen Werte, die sich langfristig durchsetzen sollten, begründete.[121]

Folgerungen für die Konzeption und Praxis der Inneren Führung heute

Was bedeutet die Analyse der hybriden Kriegführung für die Konzeption und Praxis der Inneren Führung? Vor welchen Herausforderungen steht die wunderliche Dreifaltigkeit von Politik, Gesellschaft und Streitkräfte bzw. von Staatsbürger, Mensch und Soldat heute?

---

[121] Siehe hierzu "A Report to the National Security Council – NSC 68", April 12, 1950. President's Secretary's File, Truman Papers. https://www.trumanlibrary.org/whistlestop/study_collections/coldwar/documents/pdf/10-1.pdf (aufgerufen am 1.03.2015).

Politik

Innere Führung ist eine Führungsphilosophie für die Bundeswehr, um die Stärken der offenen freiheitlich-demokratischen Gesellschaften ins Bewusstsein zu rufen und dadurch wirksam sein zu lassen. Sie muss aber auch die Schwächen von staatlichen Vorsorgemaßnahmen herausarbeiten. Diese liegen zunächst einmal in den aufgeplatzten Nahtstellen von Politik, Gesellschaft und Militär. Die zahlreichen Einsätze der Bundeswehr in den letzten über zwanzig Jahren zeigen, dass es deutliche Defizite in der Erarbeitung und Umsetzung von Strategien gibt[122] und dass die Trinität von Regierung, Bevölkerung und Militär mit Vertrauensverlusten und enttäuschten Erwartungen belastet ist.[123] Gegner werden dies für ihre Zwecke ausnutzen. In einem ersten Schritt muss zumindest das Bewusstsein für diese Schwächen und für die dringliche Notwendigkeit ihrer Behebung geweckt werden.

Die Bedrohungen durch hybride Kriegführung sowie die Voraussetzungen für deren umfassende Abwehr sollten öffentlich diskutiert werden. Bundesministerin von der Leyen wies den Weg dort-

---

[122] Siehe hierzu etwa Klaus Naumann, Einsatz ohne Ziel? Zur Politikbedürftigkeit des Militärischen, Hamburg 2006; Michael Koch, Fortschrittsbericht Afghanistan 2014 einschließlich einer Zwischenbilanz des Afghanistan-Engagements, November 2014.
[123] Zum Verhältnis zwischen Gesellschaft und Bundeswehr siehe die Beiträge in Uwe Hartmann, Claus von Rosen (Hrsg.), Jahrbuch Innere Führung 2012, Berlin 2012.

hin, indem sie sagte: „Es sind die unkonventionellen und vielfältigen Mittel des hybriden Krieges, die unkonventionell und vielfältig bekämpft werden müssen. Wir müssen das zerstörerische Narrativ entlarven. Sei es der Allmachtswahn der ISIS oder seien es die pseudohistorischen Angriffe auf die Integrität der Ukraine. Auch wenn die Mittel neu sind, es geht auch hier darum, worum es in vielen Kriegen immer gegangen ist: Es geht um das Verschieben von Grenzen, den Bruch des Völkerrechts und die massive Verletzung der Menschenrechte. Diese Mechanismen und Muster müssen wir offenlegen. Aber wie? Wir haben dazu die Möglichkeit. Denn letztlich ist das, was als unsere Schwäche verhöhnt wird, unsere größte Stärke: der Zweifel, der Widerspruchsgeist und die Kritik. Daraus erwachsen die freie Meinungsbildung, die freie Presse, Toleranz und Pluralität. Das macht eine Gesellschaft widerstandsfähig gegen Desinformation und Propaganda."[124]

Die Verteidigungsministerin argumentiert hier ganz im Geiste der Inneren Führung. Dies ist besonders daran zu erkennen, dass sie Verantwortlichkeiten klar benennt: Es ist nicht nur die Politik oder nur das Militär, es ist auch nicht die Konzeption der Inneren Führung, sondern es sind alle staatlichen und zivilgesellschaftlichen Kräfte, letztlich die Bürger und Bürgerinnen, die zum Gegen-

---

[124] Rede der Bundesministerin der Verteidigung auf der 51. Münchener Sicherheitskonferenz am 6. Februar 2015 "Führung aus der Mitte", a.a.O.

90

handeln aufgefordert sind. Sie unterstreicht damit, dass in hybriden Szenarien die demokratischen Tugenden freier und aufgeklärter Bürger und Bürgerinnen entscheidend sind. Ihr Engagement in der Debatte über sicherheitspolitische Herausforderungen und in der Umsetzung von Strategien sowie ihre Widerstandskraft gegen propagandistische Verunsicherungen und ideologische Versuchungen sind genauso gefordert wie ihre Bereitschaft, diejenigen moralisch zu unterstützen, die bei hybriden Bedrohungen militärische oder sonstige Abwehrmaßnahmen anwenden. Die Abwehr hybrider Bedrohungen beruht also nicht allein auf einer militärischen, polizeilichen und nachrichtendienstlichen Säule, sondern ganz wesentlich auf demokratischen Werten und Tugenden. Diese Strategie war bereits im Kalten Krieg das Erfolgsrezept der westlichen Welt. Die Symbiose von Verteidigungsfähigkeit und Wertebewusstsein ist das Credo der Inneren Führung. Daraus erwächst auch heute ihre „Schlagkraft" für einen neuartigen „permanenten Bürgerkrieg".

Gesellschaft

Aus der Kombination von gesicherter Verteidigungsfähigkeit und attraktiven Werten erwuchs für die Bundeswehr die Verpflichtung, die Demokratisierungsprozesse in der jungen Bundesrepublik Deutschland aktiv zu unterstützen. Das gesellschaftspolitische Engagement der Soldatinnen und Soldaten lag sozusagen im Interesse der Bundeswehr. Dies ist auch heute wieder so.

Im 1956 gegründeten Zentrum Innere Führung gab es einen Wissenschaftsstab, dessen Aufgabe es war, den Kommunismus und die Politik der Sowjetunion zu analysieren, Studien für den wissenschaftlichen Diskurs zu verfassen und Impulse für die öffentliche Auseinandersetzung zu geben. Auch heute wären eine kritische Analyse des russischen Vorgehens und eine Aufklärung der Menschen darüber hilfreich – für die Qualität der öffentlichen Debatte über sicherheitspolitische Themen und auch für die historisch-politische Bildung von Soldatinnen und Soldaten.

Ein hybrid agierender Gegner zielt mit seinen zersetzenden Maßnahmen vor allem auf die Gesellschaft. Krisen und Konflikte sollen die Bürger und Bürgerinnen überfordern und schließlich zermürben, bis ihr Gestaltungs- und Verteidigungswille erlahmt. Sie – und nicht nur und vielleicht auch nicht vorrangig die Soldaten und Soldatinnen – sind das primäre Ziel von Desinformation und Propaganda. Sie sind das Medium, durch das Zweifel und Zwietracht die Politiker genauso wie Soldaten im Einsatz erreicht. Gesellschaften, die dem Einsatz militärischer Mittel ablehnend gegenüberstehen, sind besonders gefährdet und dürften bevorzugtes Angriffsziel sein. Hybrid agierende Gegner tragen Kriege und Konflikte, die in anderen, oftmals instabilen Regionen ausgetragen werden, in die Mitte stabiler demokratischer Gesellschaften – sei es als terroristische Aktionen oder als innere Konflikte. Politik und Gesellschaft sollten Einvernehmen erzielen, wie sie sich schützen können, ohne auf das Militär zurückzugreifen. Denn der Einsatz militärischer Mittel ist sowohl aus demokratischer Perspektive als auch aus Sicht eines hybrid agierenden Gegners eher spät oder überhaupt nicht vorgesehen.

Hybrid agierende Gegner werden ihre offensiven Mittel und Wege durch geeignete Maßnahmen absichern. Sie kennen die Stärken von Desinformation und Propaganda, wissen aber auch, dass sie durch die Attraktivität westlich-demokratischer Werte und Güter sowie eine darauf aufbauende strategische Kommunikation gefährdet bleiben. Sie werden sich daher davor zu schützen versuchen. So kombiniert die neue russische Militärdoktrin die Modernisierung der Streitkräfte mit einer gesellschaftlichen Erziehung zum Patriotismus[125]; angeheizte oder gefrorene Konflikte dienen als undurchdringliche Brandmauer für Werte und Güter. Der Islamische Staat und andere Terrororganisationen verbreiten dafür eine Ideologie des Schreckens, auch gegenüber eigenen Kämpfern und Sympathisanten.

In einer Zeit hybrider Bedrohungen ist es umso wichtiger, dass Gesellschaften sich darüber verständigen, wofür Streitkräfte da sind. Hybride

----

[125] Margarete Klein, Russlands neue Militärdoktrin Nato, USA und »farbige Revolutionen« im Fokus, SWP-Aktuell 2/2015.

Kriegführung schließt den Einsatz von Gewalt nicht aus, wie die Offensiven des IS und auch die russische Unterstützung der Separatisten in der Ukraine zeigen. Gewalteskalationen sind jederzeit möglich, wenn hybride Kriegführung nicht erfolgreich ist, aber politische Ziele existentiell sind. Es sei auch an die Natur des Krieges erinnert: Eskalationen können durch Zufall genauso wie durch Leidenschaften, aber auch durch Fehlkalkulationen beispielsweise über die Verteidigungsbereitschaft des Westens ausgelöst werden.

Auch wenn Gewalt ein Element des Krieges ist, muss deutlich werden, dass das Ziel immer der Frieden ist. Dieser sollte möglichst ein besserer Zustand sein als zuvor, vor allem was Recht und Freiheit betrifft. Auch hier zeigt die Innere Führung ihren strategischen Gehalt: Ihr oberster Leitbegriff ist der Frieden, nicht der Krieg. Neben die gesicherte Verteidigungsfähigkeit stellt sie die Dialog- und Kooperationsbereitschaft mit Gegnern. Sie ist zudem anschlussfähig für eine gesamtgesellschaftliche Debatte u.a. mit Kirchen und Gewerkschaften über Fragen von Krieg und Frieden.

Streitkräfte

Kampf ist der Kern des Auftrags von Streitkräften. Kämpfen können und, wenn es erforderlich wird, kämpfen wollen gehören zum Selbstverständnis von Soldaten und Soldatinnen. Baudissin hatte gerade den Soldaten als Kämpfer im Blick,

94

als er die politisch-gesellschaftlichen sowie geistigen Voraussetzungen des Kampfes unter den Bedingungen eines permanenten Bürgerkriegs analysierte. Die Innere Führung hat in diesem Bereich durchaus Defizite, die oftmals auf gesellschaftspolitische Entwicklungen in den letzten 40 Jahren zurückgeführt werden können. Sie muss daher die in Afghanistan gesammelten Erfahrungen der „Generation Einsatz" ernst nehmen und „blinde Flecken" sinnvoll mit Inhalten füllen, um Orientierung und Handlungssicherheit in den komplexen Situationen von Stabilisierung und Aufstandsbekämpfung, aber auch für hochintensive Gefechte beispielsweise in der Landes- und Bündnisverteidigung zu geben. Vor dem Hintergrund der laufenden Auswertungen des ISAF-Einsatzes der Bundeswehr in Afghanistan wäre auch die Innere Führung aufgefordert, *lessons learned* zu formulieren und zur Diskussion zu stellen.

Andererseits ist die Innere Führung mehr als eine Hilfe für das Bestehen im Gefecht. Sie sieht den Soldaten nicht nur als Kämpfer, der seine Motivation aus der Kleinen Kampfgemeinschaft zieht, sondern als Bürger, dessen Handeln vielfältig auch von Politik und Gesellschaft beeinflusst wird und der selbst gestaltend auf diese Einfluss nehmen soll – nicht zuletzt, um im Gefecht bestehen zu können und dabei Wirkungen zu erzielen, die nicht schnell verpuffen und ohne politische Nachhaltigkeit bleiben. Hier wird noch einmal der strategische Kern der Inneren Führung deutlich: Noch so viele gewonnene Gefechte können nicht das Erreichen der politischen Ziele gewährleisten, wenn die strategischen Voraussetzungen dafür nicht gegeben sind oder die Strategie falsch ist. Insofern ist Innere Führung ein Schutz des Soldaten vor seiner rein taktischen Vereinnahmung, genauso wie sie ein Schutz davor ist, dass seine Menschenwürde in der Kriegsmaschinerie zermahlen wird. Hier zeigt sich deutlich das erweiterte Verständnis von Auftragstaktik bzw. Führen mit Auftrag[126]: Der Soldat ist als Staatsbürger und Mensch immer auch für die Strategie mit verantwortlich.

Die heutigen Bedrohungen durch hybride Kriegführung verdeutlichen erneut, dass „Schlagkraft" strategisch zu verstehen ist. Der Kampf als gemeinsame Mitte des soldatischen Dienstes reicht in hybriden Kriegen, in denen es ja gerade darum geht, politische Ziele ohne oder nur mit geringem und spätem Einsatz militärischer Gewalt zu erreichen, nicht aus. Das Kämpfen können muss eingebunden sein in vielfältige Maßnahmen, die die eigentlichen Voraussetzungen für erfolgreiches Kämpfen schaffen – dazu gehören eine kluge Strategieentwicklung ebenso wie eine sicherheitspolitische Debatte oder die Anerkennung des soldatischen Dienstes. Dies sind Aufgaben, die vorrangig von Politik und Gesellschaft ange-

---

[126] Zur Auftragstaktik siehe Dirk Freudenberg, Auftragstaktik und Innere Führung, Berlin 2014.

gangen werden müssen. Wer deren Verantwortung anmahnt, bewegt sich bereits im weiten Feld der Inneren Führung. Wer Innere Führung als „ausgedient" bewertet, stellt damit gerade die Konzeption in Frage, die die politischen und gesellschaftspolitischen Voraussetzungen dafür schaffen will, dass Soldaten auch im Kampf ihre Aufgaben erfolgreich im Sinne der politischen Ziele erfüllen können.

Innere Führung ist daher mehr als interkulturelle Bildung oder Gleichstellung. Diese Handlungsfelder sind und bleiben wichtig, um nicht missverstanden zu werden. Sie dürfen aber nicht den strategischen Kern der Inneren Führung in den Hintergrund drängen. Die pragmatische Wende der Inneren Führung, die nach den ideologischen Debatten über die Demokratieverträglichkeit der Streitkräfte und angesichts der neuen Einsätze erforderlich war, darf nicht so weit gehen, dass ihr eigentlicher Kern in Vergessenheit gerät.

Das Schaffen der strategischen Voraussetzungen für den militärischen Auftrag geht auch die Soldaten an. Sie sind nicht bloße „Bedarfsträger", die ihre Forderungen stellen dürfen und sich anschließend in ihre Kasernen zurückziehen. Sie müssen selbst einen Beitrag dazu leisten, dass der Schaft, an dem sie als Speerspitze angebracht sind, stark bleibt. Dazu gehört die Integration in die Gesellschaft mit dem aktiven Engagement der Soldaten genauso wie die politische Bildung, die dem Soldaten ermöglicht, seine Aufgaben in Konflikten zu verstehen, den Indoktrinationsversuchen zu widerstehen und gestaltend am politischen Leben teilzunehmen.

Vielleicht sollten sich die Soldatengenerationen intensiver über die Auseinandersetzungen beim Nato-Doppelbeschluss zu Beginn der 80er Jahre austauschen. Als Demonstranten die Zugänge vieler Kasernen blockierten, war es beispielsweise der damalige Kommandeur der Führungsakademie, Admiral Wellershoff, der die Tore öffnete und Demonstranten einlud, gemeinsam mit den Angehörigen dieser Bildungseinrichtung der Bundeswehr in den Hörsälen zu diskutieren. Viele beteiligten sich daran, auch außerhalb der Kasernen. Der damalige Lehrstabsoffizier Gustav Lünenborg schrieb darüber folgendes: „NATO-Doppelbeschluß. Zehntausende zum Protest auf dem Hamburger Rathausmarkt. Zahlreiche Kasernen wurden blockiert, so auch die Clausewitzkaserne der Führungsakademie in Blankenese. Ich hatte eine Lehrverpflichtung außerhalb gehabt, kam zurück und nicht hinein. Ich ging in die nahegelegene örtliche Zentrale der Blockierer, ein Haus der Gewerkschaft. In Uniform. Erstaunen, fast höflicher Respekt. Bald saß ich in einer Runde fragender, argumentierender junger Menschen."[127] Sie alle leisteten damit einen wichtigen Beitrag für den innergesellschaftlichen Frieden und damit

---

[127] Gustav Lünenborg, Bürger und Soldat, a.a.O., S. 135.

98

auch für die außenpolitische Handlungsfähigkeit Deutschlands.

Eine sicherheitspolitische Debatte wäre auch heute wieder möglich, wenn sie denn politisch gewünscht und gefördert würde. Junge studierende Offiziere und Offizieranwärter/-innen der Helmut-Schmidt-Universität/Universität der Bundeswehr Hamburg haben es mit ihrem Buch „Armee im Aufbruch" vorgemacht.[128] Auch der damalige Vorsitzende des DGB, Michael Sommer, signalisierte deutlich, dass er hierbei eng mit der Bundeswehr zusammenarbeiten würde.[129] Schon bei der Erarbeitung des letzten Weißbuchs zur Sicherheitspolitik, das 2006 erschien, wurde eine öffentliche Debatte der Entwürfe angeregt, aber verworfen. Das politische Ziel, endlich überhaupt mal wieder ein Weißbuch herauszubringen, wurde demgegenüber priorisiert. Der initiierte Prozess für das für 2016 angekündigte neue Weißbuch eröffnet neue Möglichkeiten der Mitwirkung.

Bedeutung der Inneren Führung für die Truppenführung
Wir begeben uns nun auf die Ebene der praktischen Umsetzung der Inneren Führung innerhalb der Streitkräfte. Es geht dabei um die militärische Führung in künftig möglichen Einsätzen, die

---

128 Bohnert/Reitstetter, a.a.O.
129 Siehe Klaus Beck, Klaus Mertsching (Hg.)., Arbeit. Gerechtigkeit.Solidarität. Ausgewählte Reden von Michael Sommer, Bonn 2014, S. 197-208.

durchgeführt werden, um einen hybrid agierenden Gegner abzuschrecken oder das NATO-Bündnisgebiet zu verteidigen.

Der Grundsatz „Kenne Deinen Gegner!" ist bei hybriden Bedrohungen von höchster Relevanz. Sun Tzu betonte dies bereits vor über 2500 Jahren. Clausewitz wies mit einem durch Erfahrung getränkten sarkastischen Unterton auf die Gefahren einer Fehleinschätzung hin. Die eigenen Kräfte sollten nicht mit einem Galanteriedegen den Kampf antreten, wenn der Gegner bereits das schwere Schwert gezogen hat.[130] Auch Baudissin stellte den Gegner in den Mittelpunkt seiner konzeptionellen Überlegungen zur Inneren Führung. „Nur wer dem Gegner in dessen Vorstellungswelt zu folgen vermag," so schrieb er, „wird in der geistigen Auseinandersetzung bestehen".[131] Die Relevanz dieses Grundsatzes wurde zuletzt durch die Erfahrungen in der Aufstandsbekämpfung in Afghanistan bestätigt.

Neben der intensiven Beschäftigung mit einem hybrid vorgehenden Gegner ist die Selbstvergewisserung wichtig. Wofür stehen wir ein, was ist der Zweck unseres Auftrags? Und ist er legal? Dies sind Fragen, die für die Motivation des Soldaten schon immer wichtig waren und in hybriden Kriegen weiter an Bedeutung gewinnen, weil ein Gegner die Legitimation und Legalität propagan-

---

130 Clausewitz, Vom Kriege, a.a.O., S. 230.
131 Baudissin, Grundwert Frieden, a.a.O., S. 144.

distisch in Frage stellen wird. Einigkeit sollte auch darin bestehen, dass das Handeln von Soldaten unabhängig von der Führungsebene an Recht und Gesetz gebunden ist. Andererseits darf die Wirklichkeit hybrider Kriegführung nicht romantisiert werden. In der hybriden Kriegführung gibt es kaum verlässliche Regeln, die das Verhalten eines Gegners einhegen und berechenbar machen. Umso wichtiger ist die auch subjektiv wahrgenommene Rechtssicherheit bei den Soldaten, damit Verunsicherungen nicht zu Handlungsunfähigkeit führen. Hybride Kriegführung zielt nicht nur auf die strategische Überraschung von Staaten und Bündnissen, sondern auch auf die taktische Verunsicherung von Soldaten im Einsatz. Jedem Soldaten muss klar sein, was er gegenüber einem hybrid agierenden Gegner tun darf und was nicht. Darauf muss bereits die militärische Ausbildung beruhen.

Krieg ist immer, wie der britische General Sir Rupert Smith schlussfolgerte, „war amongst the people".[132] Die Vorstellung, die Bevölkerung sei aus einem Kampfgebiet rechtzeitig und vollständig evakuiert worden, war bereits im Kalten Krieg unrealistisch. Damals wäre der Soldat auch auf taktischer Ebene mit dem Dilemma konfrontiert worden, das zu zerstören, was er doch eigentlich verteidigen soll.

---

[132] Smith, The Utility of Force, a.a.O.

Die Erfahrungen mit der bevölkerungszentrierten Aufstandsbekämpfung in Afghanistan können auch in hybriden Szenarien hilfreich sein. Während ein Gegner versuchen wird, die Bevölkerung im Kriegs- bzw. Einsatzgebiet für seine Zwecke zu instrumentalisieren und beispielsweise durch Unruhe und Chaos bewegliche Operationen zu behindern, muss es der eigenen Seite darum gehen, vor allem die politische Unterstützung der Bevölkerung zu gewinnen.

Die Bevölkerung im Einsatzgebiet wird genauso wie die dort eingesetzten Soldaten und deren Gesellschaften zuhause Ziel in einem umfassenden Propagandakrieg. Für die militärische Führung kommt es darauf an, die Narrative der gegnerischen Propaganda zu entlarven. Auch für die eigenen Soldaten. Im Mittelpunkt stehen dabei das persönliche Gespräch sowie die Truppeninformation. Diese Führungsaufgaben gewinnen neue und höchste Relevanz; sie dürfen nicht unter dem geringen Stellenwert, den die Politische Bildung in den letzten Jahrzehnten im Dienstalltag der Bundeswehr innehatte, leiden. Hier geht es auch um Vertrauen; der militärische Führer selbst ist gefordert. Er darf dies nicht, wie es häufig der Fall ist, an externe Dozenten und interne Spezialisten delegieren.

Militärische Führer ebenso wie ihre Soldaten müssen sich auch aus dem Einsatz heraus mit der „Heimatfront" beschäftigen. Gegner werden indirekte Propagandastrategien anwenden: Sie werden versuchen, die strategischen Rahmenbedingungen zu unterminieren, um damit die Schlagkraft der Truppe im Einsatz zu treffen. Diese psychologische Kriegführung ist nichts Neues, kann künftig aber auf deutlich wirksamere Mittel und Wege zurückgreifen, zu denen auch das Manipulieren von Internetseiten und sozialen Netzwerken sowie darauf beruhende Erpressungen gehören.

Gegnerische Propagandamaßnahmen werden wo immer möglich historisch belastete Themen aufgreifen. Bei deutschen Soldaten bietet sich dies vor allem in Gebieten an, in denen die Wehrmacht operierte und die SS-Truppen wüteten. Hier zeigt sich, wie wichtig es war, dass die Innere Führung sich immer auch für eine objektive Geschichtsforschung ebenso wie für die Verständigung mit ehemaligen Gegnern einsetzte. Erneut unterstreicht dies die Bedeutung der politisch-historischen Bildung von Soldaten, um deren Verunsicherung durch gegnerische Propaganda zu mindern.

Während die gegnerische Propaganda alles versuchen wird, um die Legitimation und Legalität des Einsatzes öffentlich in Frage zu stellen, wird sie ihre Angriffe auch auf die soziale Kohäsion in den Verbänden und Einheiten richten: Besondere Zielgruppen für gegnerische Propaganda werden Menschen mit Migrationshintergrund sein; es wird darum gehen, diese für die Verbreitung von „falschen Wahrheiten" und eine umgreifende Verunsicherung zu gewinnen, ggf. aber auch für Angriffe auf die eigene Truppe.[133] Die Erfahrungen mit Innentätern in Afghanistan haben gezeigt, welche Auswirkungen dies auf gemeinsame Operationen mit einheimischen Sicherheitskräften haben kann. Gegner werden mit hoher Wahrscheinlichkeit testen, wie weit sie damit kommen. Es braucht möglicherweise nur wenige Innentäter, um die Kohäsion innerhalb der Streitkräfte auf die Probe zu stellen. Diversität in militärischen Verbänden ist wichtig, und es ist auch richtig, dass die Innere Führung dies unterstützt; genauso bedeutend ist es jedoch auch, ihre Schattenseiten darzustellen und Gefahren realistisch einzuschätzen.

---

[133] Ministry of Defence, Ministry of Defence, Strategic Trends Programme. Future Character of Conflict, a.a.O., S. 5.

Schluss

Die an Recht und Freiheit orientierte internationale Weltordnung gerät unter Druck durch klassisches Großmachtdenken, politische Ideologie und religiös getarnten Extremismus. Politische Stärke, wirtschaftliche Macht, technologische Überlegenheit und kulturelle Dominanz des Westens sind nicht ausreichend, um die vielfältigen Konflikte in der Welt einzuhegen. Afghanistan und Irak und nunmehr die hybride Kriegführung in der Ukraine und im Nahen Osten haben die Grenzen einer Strategie aufgezeigt, die das Ziel verfolgt, weltweite Stabilität und Demokratisierung durch zivil-militärische Interventionen zu fördern.

Die hybride Kriegführung scheint ein Erfolgsmodell zu sein, mit dem auch in Zukunft gerechnet werden muss. Sie ist ein kreatives *thinking out of the box*, das kaum moralische Bedenken kennt und internationales Recht missachtet, um den eigenen Handlungsspielraum zu erweitern und sich auf diese Weise Vorteile zu verschaffen. Hybrid agierende Gegner werden die „ganze" Kriegsgeschichte, d.h. konventionelle und unkonventionelle Kriegführung, reguläre und irreguläre Kräfte genauso wie das gesamte Beziehungsgeflecht zwischen Politik, Gesellschaft und Streitkräften auswerten, um komplexe Strategien zu erarbeiten, die flexibel den Lageentwicklungen angepasst werden können. Sie nutzen geschickt alle Mittel und Wege, welche die globale Welt für die Durchsetzung eigener Interessen und Ziele bietet: Zivile Technologien, die schnell in militärische Fähigkeiten verwandelt werden können; soziale Medien mit ihren zahlreichen Möglichkeiten zur Beeinflussung von Menschen; Netzwerkattacken, um zivile und militärische Informationssysteme zu manipulieren.

Allein mit militärischer Kampfkraft und Waffentechnologie können die westlichen Staaten auf die hybriden Bedrohungen nicht erfolgversprechend reagieren. Gegner sind intelligent; sie wenden ganz einfache Gegenmaßnahmen an, wie beispielsweise die Erhöhung möglicher militärischer Ziele angesichts der hohen Kosten für präzise Munition in westlichen Streitkräften.

Die Führungsphilosophie der Inneren Führung verfügt über einen strategischen Kern, der den politischen Kontext und den gesellschaftlichen Zusammenhalt genauso berücksichtigt wie die politisch-historische Bildung von Soldaten und Soldatinnen und ihre soziale Kohäsion. Dies schließt nicht aus, dass die Innere Führung in vielen Bereichen verbessert werden muss. Ihr strategischer Kern ist jedoch bestens für die zukünftig absehbaren Herausforderungen geeignet. Es kommt darauf an, diesen wieder stärker in den Vordergrund zu rücken.

Der strategische Kern der Inneren Führung wird gebildet durch ihre Vorgaben für die Gestaltung der zivil-militärischen Beziehungen (Primat der Politik; Integration in die Gesellschaft) sowie zur Motivation und Legitimation (Friedensorientierung; Rechtsstaatlichkeit). Er beschreibt idealtypische Ziele und zeigt auf, wo die Bruchstellen auf dem Weg dorthin liegen: In den Strategiedefiziten wie beispielsweise in der Praxis der Vernetzten Sicherheitspolitik und im fehlenden sicherheitspolitischen Diskurs, in der schwindenden Attraktivität westlicher Werte, in dem geringen Vertrauen von Soldaten in die Politik, in den Wahrnehmungsunterschieden von Bürgern mit und ohne Uniform über ihre jeweilige Anerkennung, in den kultivierten Vorurteilen über die Innere Führung innerhalb der Streitkräfte und ihrem rhetorischen Gebrauch durch Politiker, die an ihrer inhaltlichen Substanz bisher kaum Interesse zeigten. Auf den Punkt gebracht: Es geht um die Erhöhung der Widerstandskraft und Handlungsstärke von Politik, Gesellschaft und Streitkräften angesichts einer umfassenden und kaum vorhersehbaren Bedrohung.

Wenn Politik, Gesellschaft und Streitkräfte in einer konzertierten Aktion die Ziele der Inneren Führung verfolgen und umsetzen, werden hybrid agierende Gegner kaum Ansatzpunkte finden für ihre zerstörerischen Absichten.

Carola Hartmann Miles-Verlag

<u>Politik, Gesellschaft, Militär</u>

Uwe Hartmann, *Innere Führung. Erfolge und Defizite der Führungsphilosophie für die Bundeswehr,* Berlin 2007.

Hans Joachim Reeb, *Sicherheitskultur als kommunikative und pädagogische Herausforderung – Der Umgang in Politik, Medien und Gesellschaft,* Berlin 2011.

Hans-Christian Beck, Christian Singer (Hrsg.), *Entscheiden – Führen – Verantworten. Soldatsein im 21. Jahrhundert,* Berlin 2011.

Eberhard Birk, Winfried Heinemann, Sven Lange (Hrsg.), *Tradition für die Bundeswehr. Neue Aspekte einer alten Debatte,* Berlin 2012.

Angelika Dörfler-Dierken, *Führung in der Bundeswehr,* Berlin 2013.

Cornelia Fedtke, Kai-Uwe Hellmann, Jan Hörmann, *Migration und Militär. Zur Integration deutscher Soldaten mit Migrationshintergrund in der Bundeswehr,* Berlin 2013.

Wolf Graf von Baudissin, *Grundwert Frieden in Politik – Strategie – Führung von Streitkräften,* hrsg. von Claus von Rosen, Berlin 2014.

Wolf Graf von Baudissin, *Der Widerstand. „… um nie wieder in die auswegslose Lage zu geraten…",* hrsg. von Claus von Rosen, Berlin 2014.

Marcel Bohnert, Lukas J. Reitstetter (Hrsg.), *Armee im Aufbruch. Zur Gedankenwelt junger Offiziere in den Kampftruppen der Bundeswehr,* Berlin 2014.

Arjan Kozica, Kai Prüter, Hannes Wendroth (Hrsg.), *Unternehmen Bundeswehr? Theorie und Praxis (militärischer) Führung,* Berlin 2014.

Angelika Dörfler-Dierken, Robert Kramer, *Innere Führung in Zahlen. Streitkräftebefragung 2013,* Berlin 2014.

Eberhard Birk, Heiner Möllers (Hrsg.), *Luftwaffe und Luftkrieg,* Berlin 2015.

Jahrbuch Innere Führung

Uwe Hartmann, Claus von Rosen, Christian Walther (Hrsg.), *Jahrbuch Innere Führung 2009. Die Rückkehr des Soldatischen,* Eschede 2009.

Helmut R. Hammerich, Uwe Hartmann, Claus von Rosen (Hrsg.), *Jahrbuch Innere Führung 2010. Die Grenzen des Militärischen,* Berlin 2010.

Uwe Hartmann, Claus von Rosen, Christian Walther (Hrsg.), *Jahrbuch Innere Führung 2011. Ethik als geistige Rüstung für Soldaten,* Berlin 2011.

Uwe Hartmann, Claus von Rosen, Christian Walther (Hrsg.), *Jahrbuch Innere Führung 2012. Der Soldatenberuf zwischen gesellschaftlicher Integration und suis generis-Ansprüchen,* Berlin 2012.

Uwe Hartmann, Claus von Rosen (Hrsg.), *Jahrbuch Innere Führung 2013. Wissenschaften und ihre Relevanz für die Bundeswehr als Armee im Einsatz,* Berlin 2013.

Uwe Hartmann, Claus von Rosen (Hrsg.), *Jahrbuch Innere Führung 2014. Drohnen, Roboter und Cyborgs – Der Soldat im Angesicht neuer Militärtechnologien,* Berlin 2014.

Einsatzerfahrungen

Kay Kuhlen, *Um des lieben Friedens willen. Als Peacekeeper im Kosovo,* Eschede 2009.

Sascha Brinkmann, Joachim Hoppe (Hrsg.), *Generation Einsatz, Fallschirmjäger berichten ihre Erfahrungen aus Afghanistan,* Berlin 2010.

Artur Schwitalla, *Afghanistan, jetzt weiß ich erst… Gedanken aus meiner Zeit als Kommandeur des Provincial Reconstruction Team FEYZABAD,* Berlin 2010.

Uwe Hartmann, *War without Fighting? The Reintegration of Former Combatants in Afghanistan seen through the Lens of Strategic Thought,* Berlin 2014.

Rainer Buske, *KUNDUZ. Ein Erlebnisbericht über einen militärischen Einsatz der Bundeswehr in AFGHANISTAN im Jahre 2008,* Berlin 2015.

Standpunkte und Orientierungen

Daniel Giese, *Militärische Führung im Internetzeitalter – Die Bedeutung von Strategischer Kommunikation und Social Media für Entscheidungsprozesse, Organisationsstrukturen und Führerausbildung in der Bundeswehr,* Berlin 2014.

Dirk Freudenberg, *Auftragstaktik und Innere Führung. Feststellungen und Anmerkungen zur Frage nach Bedeutung und Verhältnis des inneren Gefüges und der Auftragstaktik unter den Bedingungen des Einsatzes der Deutschen Bundeswehr,* Berlin 2014.

Uwe Hartmann (Hrsg.), *Lernen von Afghanistan. Innovative Mittel und Wege für Auslandseinsätze,* Berlin 2015.

Fouzieh Melanie Alamir, *Vernetzte Sicherheit – Quo Vadis?,* Berlin 2015.

Hartmut von Schubert, *Integrative Militärethik. Ethische Urteilsbildung in der militärischen Führung,* Berlin 2015.

Monterey Studies

Uwe Hartmann, *Carl von Clausewitz and the Making of Modern Strategy,* Potsdam 2002.

Zeljko Cepanec, *Croatia and NATO. The Stony Road to Membership,* Potsdam 2002.

Ekkehard Stemmer, *Demography and European Armed Forces,* Berlin 2006.

Sven Lange, *Revolt against the West. A Comparison of the Current War on Terror with the Boxer Rebellion in 1900–01,* Berlin 2007.

Klaus M. Brust, *Culture and the Transformation of the Bundeswehr,* Berlin 2007.

Donald Abenheim, *Soldier and Politics Transformed,* Berlin 2007.

Michael Stolzke, *The Conflict Aftermath. A Chance for Democracy: Norm Diffusion in Post-Conflict Peace Building,* Berlin 2007.

Frank Reimers, *Security Culture in Times of War. How did the Balkan War affect the Security Cultures in Germany and the United States?,* Berlin 2007.

Michael G. Lux, *Innere Führung – A Superior Concept of Leadership?,* Berlin 2009.

Marc A. Walther, *HAMAS between Violence and Pragmatism,* Berlin 2010.

Frank Hagemann, *Strategy Making in the European Union,* Berlin 2010.

Ralf Hammerstein, *Deliberalization in Jordan: the Roles of Islamists and U.S.-EU Assistance in stalled Democratization,* Berlin 2011.

Ingo Wittmann, *Auftragstaktik,* Berlin 2012.

www.miles-verlag.jimdo.com